Separémonos...
pero protejamos a nuestros hijos

A pesar de haber puesto el máximo cuidado en la redacción de esta obra, el autor o el editor no pueden en modo alguno responsabilizarse por las informaciones (fórmulas, recetas, técnicas, etc.) vertidas en el texto. Se aconseja, en el caso de problemas específicos —a menudo únicos— de cada lector en particular, que se consulte con una persona cualificada para obtener las informaciones más completas, más exactas y lo más actualizadas posible. EDITORIAL DE VECCHI, S. A. U.

Colección dirigida por Mahaut-Mathilde Nobécourt.

Traducción de Gustau Raluy.
Ilustración de la cubierta de Jesús Gracia Sánchez.
Título original: Séparons-nous… mais protégeons nos enfants.

© Editorial De Vecchi, S. A. 2018
© [2018] Confidential Concepts International Ltd., Ireland
Subsidiary company of Confidential Concepts Inc, USA
ISBN: 978-1-64461-185-2

El Código Penal vigente dispone: «Será castigado con la pena de prisión de seis meses a dos años o de multa de seis a veinticuatro meses quien, con ánimo de lucro y en perjuicio de tercero, reproduzca, plagie, distribuya o comunique públicamente, en todo o en parte, una obra literaria, artística o científica, o su transformación, interpretación o ejecución artística fijada en cualquier tipo de soporte o comunicada a través de cualquier medio, sin la autorización de los titulares de los correspondientes derechos de propiedad intelectual o de sus cesionarios. La misma pena se impondrá a quien intencionadamente importe, exporte o almacene ejemplares de dichas obras o producciones o ejecuciones sin la referida autorización». (Artículo 270)

Stéphane Clerget

Separémonos...
pero protejamos
a nuestros hijos

*A Evelyne, Raymond,
Thierry, Jean-Luc y Frédéric,
en testimonio de mi afecto*

«Habría que intentar ser feliz,
aunque sólo fuera para dar ejemplo».

JACQUES PRÉVERT

Agradecimientos

A Gaston y Mireille, por seguir juntos.

A Nathalie Pourtalet, por los momentos compartidos, pasados y futuros.

A Bernadette Costa-Prades, por el libro *Comment survivre au divorce de ses parents* (Albin Michel Jeunesse), que hemos escrito juntos.

A todo el servicio de psiquiatría infantil y juvenil del hospital de Pontoise.

A Maïa, que siempre está conmigo.

Índice

INTRODUCCIÓN.	19
1. ¿POR QUÉ NOS SEPARAMOS?	23
Pasión consumida y consumación apasionada	23
Nacimiento de un amor.	24
Los motivos de la desunión	26
La cultura del amor en la pareja.	27
Amor y odio, un terreno de cultivo común.	28
Renunciar a las expectativas quiméricas	29
Afrontar los obstáculos	30
¿Qué significa infidelidad?.	32
El estrés, enemigo de la pareja	33
El papel de los niños en la separación	34
Cuando la mujer se convierte en madre	34
Cuando el hombre se convierte en padre	36
El nacimiento de un hijo, ¿factor de estabilidad? . .	37
Los antojos del niño	38
Las tormentas de la adolescencia.	39
Cuando el niño se hace hombre o mujer.	41
Cuando el amor se debilita	43
2. EL ANUNCIO.	47
Un anuncio a dos voces	47
El amor de los padres es inoxidable	50
El niño siempre es el fruto del amor	51

¡No es culpa suya!. 52
¡No nos precipitemos! 54
No perder la cabeza, a pesar de la tormenta 57
Decir la verdad no significa contarlo todo. 58

3. ¿Qué tipo de custodia?. 61
La elección del tipo de guarda y custodia. 62
    La custodia exclusiva 62
    La custodia compartida. 63
    Un acuerdo a veces difícil de encontrar 64
Las ventajas de la custodia compartida. 65
    Una responsabilidad realmente conjunta 67
    Una ocasión para conservar «las dos mitades». . . . 68
    El caso particular del niño muy pequeño 69
De una casa a la otra 71
    La mudanza. 71
    La tristeza del domingo por la noche 72
    Cómo reaccionar 73
Nuevo padre 74
    Ser padre continuamente 76
Su padre no se ocupa de él 77
    ¿Por qué?. 77
    Cómo actuar 78

4. Nuevo cónyuge. 81
Atreverse a rehacer la vida 81
    Un sacrificio inútil. 82
Los prejuicios del niño 84
Un impacto a menudo positivo 85
Aprender a conocerse. 86
    Definir la función del recién llegado. 88
    Cuando la aceptación es mala 90
    «¡Tú no eres mi padre!» 92
    Enfrentamientos necesarios 93

La historia de Antoñín 94
Una nueva pareja a prueba 95
    Las huellas del que se ha marchado 95
    Marcar el territorio personal. 96
    Las primicias de un vínculo afectivo 97

5. CONSEJOS PARA LOS PADRASTROS 101
Compartir el amor 101
Compartir el espacio. 102
El afecto embellece el parentesco 103
Los fantasmas del pasado 106
    Evitar las comparaciones. 107
Demasiado padrastro 108
    La historia de Kate 109
    Instalar barreras de seguridad 111
La presión de los ex 112
    La historia de Esteban 112
    Los conflictos de lealtad 114
    Cuando los padres se llevan demasiado bien. 115

6. LA COPARENTALIDAD SE APRENDE 119
Frente a la justicia. 119
    El niño y la justicia 120
Un trabajo indispensable sobre uno mismo. 121
    Una confianza dañada 122
    Saber recordar los buenos momentos. 123
    La historia de María. 124
    El hijo, fruto de nuestras diferencias 125
Reglas de oro. 125
    Poner aceite en los engranajes 126
    Pensar en el bienestar del niño. 127
El niño como cuenta conjunta. 128
    Diferenciar el «yo» del «nosotros» 129
Entre la cólera y el falso entendimiento 130

Los beneficios de la mediación 132
«El cartero siempre sufre dos veces» 133
    Los sufrimientos del niño mensajero 134
    Cómo comunicarse con el otro progenitor 135
El papel de los abuelos 136
    El Arca de Noé 138
    Respetar la imagen de los padres 139
    Un vínculo protegido por la ley 141
Situaciones menos ordinarias 142
    El progenitor en pareja homosexual 142
    El niño adoptado 144
    El hijo único 147
    El padre maltratador 148

7. TODOS LOS NIÑOS DEL DIVORCIO 151
La fratría separada 152
    La historia de Teo y Marina 152
    Decisiones caso por caso 154
    La historia de Lucía 154
Un hermanastro que ocupa mucho sitio 155
    Entre celos y rivalidad 156
    Acompañar al niño en el nacimiento del hermano 158
    Cuando es la madre quien está embarazada 160
    Cuando es la madrastra quien está embarazada . . . 162
    La importancia del territorio 163
Los hijos del otro: el punto de vista del niño 164
    Conflictos y alianzas 165
    Recordar los vínculos de filiación 166
    Prohibir el incesto 168
    Preservar la intimidad de cada uno 170

8. REACCIONES DE LOS NIÑOS Y CONSEJOS PARA PADRES 173
Mi hijo está triste 173
    No hay divorcio sin pérdida 173

Captar los síntomas	174
La depresión es un mal contagioso	176
Qué actitud adoptar	177
No reconozco a mi hijo	177
Una construcción debilitada	178
La ocasión de un nuevo comienzo	180
La historia de David	181
La historia de Ángela	182
La formación reaccional	182
Padece trastornos relacionados con la alimentación	183
Pierde el apetito	183
Se refugia en la comida	185
Se muestra ansioso (miedos, fobias...)	187
Distintos trajes para la misma ansiedad	188
Las tres separaciones que asustan	189
Cómo proceder	192
Tiene dificultades en el colegio	194
La ansiedad y sus consecuencias	194
¿Y para qué?	195
El impacto de las disensiones entre los padres	197
La escolaridad como refugio	197
Las obligaciones de los padres	198
Constantemente hace gamberradas	200
Una respuesta a la ansiedad	201
Poner la pareja a prueba	202
Volver a cuestionar las normas	202
Una reacción al sufrimiento de los padres	203
Se vuelve agresivo	205
Los resortes de la agresividad	205
Una agresividad desplazada	207
Cómo reaccionar	207
Tiene pesadillas	208
Una manera de «digerir»	209
Cómo reaccionar	210

La historia de Carolina 211
Empieza a mentir........................... 214
    La mentira de los padres 215
    Escapar del presente.................... 216
    La mentira utilitaria..................... 217
    Algunos consejos 219
No quiere ir a casa de su padre 219
    Cómo reaccionar 221
Quiere que nos volvamos a casar............ 221
Quiere dormir conmigo..................... 223
    Cuando dormir reactiva las angustias 225
    ¿Y si, por fin, el sitio estuviera libre?......... 226
Amenaza con fugarse....................... 227
    Buenas razones para querer fugarse 227
    Qué hacer 229
Empieza a robar............................ 230
    Reclamando atención................... 232
    Una necesidad de orden y normas 232
    La autoridad, misión de los padres 234
    Un comportamiento de protección......... 234
    Cómo reaccionar 235
    Dos escollos a evitar 236
¿Hay que hablar de los asuntos de dinero? 237
No le gusta la nueva mujer de su padre........... 239
    Cómo reaccionar 241
    Palabras que tranquilizan................ 242
Se hace el bebé 243
    Qué hacer 245
Se vuelve manipulador...................... 246
    La historia de Martina 247
    Cuando se niega a ver a uno de sus padres 248
Dice que de mayor no se casará............... 249
    No dudar en hablar de amor 249
Madurez y otras reacciones positivas 250

En el secreto de los dioses................. 251
La historia de Irene...................... 253
Una aceleración de la autonomía............ 254
Las reacciones en la adolescencia.............. 255
   Cuando la adolescencia es un torbellino
      devastador para los padres............... 255
   La historia de Pablo y Virginia................ 257
   Cuando los padres son un torbellino
      devastador para los adolescentes.......... 258
   Algunos consejos......................... 263

CONCLUSIÓN.................................. 267

Introducción

Si usted lee este libro es porque piensa en la felicidad de su hijo, a la vez que se cuestiona sobre la suya propia. Para mí es habitual recibir a padres en desamor, que consultan antes de separarse para saber cómo deben actuar para no perjudicar a sus hijos.

Esta actitud previsiva demuestra su profunda preocupación por los intereses de los niños. También acuden, ya separados y con sus vidas rehechas, para pedir consejo cuando los acontecimientos recomponen la vida familiar. Una nueva pareja o un nuevo nacimiento recomponen la vida de cualquiera y hacen reaccionar a los niños. ¿Por qué y cómo hay que hablar de la separación a los niños? ¿Cómo se puede continuar ejerciendo el papel de padre o de madre cuando se está en guerra con el otro miembro de la pareja, y este te está desacreditando constantemente? ¿Cómo se puede conciliar la nueva vida de hombre o de mujer con la de padre divorciado? Hay infinidad de preguntas que justifican este paso. Los padres suelen acudir a la consulta cuando el niño cambia de comportamiento o muestra signos inquietantes que exteriorizan un sufrimiento que ellos creen, o no, que se debe, en parte, a su separación.

Que nadie cuente conmigo para afirmar que la separación se ha convertido en algo tan banal que no afecta al niño. Sigue siendo un acontecimiento fundamental en la vida del niño, potencialmente doloroso o incluso traumático, una etapa decisiva en su destino. Los efectos en el niño dependen de su edad, su personalidad y el lugar que ocupa en el seno de la familia. Las condiciones de la ruptura, el tipo de custodia, el temperamento de los padres y la evolución de su relación serán determinantes en las reacciones del niño. La depresión, la ansiedad, la agitación, las dificultades escolares forman parte de las numerosas reacciones negativas posibles. Usted descubrirá lo que las motiva, y también los medios para prevenirlas o remediarlas. La separación parental también se refleja en las diferentes etapas del desarrollo psicológico y afectivo del niño, como por ejemplo el periodo edípico o la adolescencia. En esta obra se informa de la manera en que esto ocurre y cómo se acompaña. No se olvidarán los aspectos positivos, como el hecho de que un clima insoportable vuelva a la calma, que el niño descubra una autonomía nueva que le ayude a madurar o que vea que las relaciones con su padre toman un rumbo inesperado.

Este libro ayuda a responder a las preguntas de los niños, a las que hacen y a las que piensan pero no se atreven a plantear. Y, dado que la respuesta en el acto a veces es la mejor, veremos cuáles son las actitudes que se deben evitar y las que conviene adoptar con los distintos miembros de la familia para calmar las tensiones.

Esta obra también está dirigida al nuevo cónyuge, suegro, hermanastro, abuelos, profesores, que participan en la obra de teatro que se desarrolla alrededor del niño. Se analiza en profundidad el papel de cada uno y sus dificultades propias. No se debe culpabilizar a los padres que buscan su felicidad personal. El bienestar futuro de su hijo, la felicidad de todos, también depende de esa felicidad. La ambición de este libro es ayudar a que cohabiten dentro de las familias estas felicidades singulares a pesar de las divergencias, reales o sólo aparentes. Le ayudará a proteger al niño, a salvaguardar su identidad y sus raíces, su salud, su equilibrio psicológico y afectivo, y su porvenir. El respeto del niño, y por ende el respeto a nosotros mismos, será el hilo que guiará estas líneas.

Advertencia

Las observaciones citadas en este libro han sufrido las modificaciones de rigor, por razones evidentes de confidencialidad. Todo parecido en cuanto a lugar, tiempo o nombre sólo puede ser fortuito. Pero no por ello estas observaciones son menos auténticas en el fondo y en el espíritu.

1
¿Por qué nos separamos?

Pasión consumida y consumación apasionada

«Todos los hombres son mentirosos, inconstantes, falsos, charlatanes, hipócritas, orgullosos y cobardes, despreciables y sensuales; todas las mujeres son pérfidas, artificiosas, vanidosas, cotillas y depravadas [...], pero en el mundo hay una cosa sana y sublime: la unión de dos de estos seres tan imperfectos y tan horrorosos», escribe Musset en *On ne badine pas avec l'amour* (Con el amor no se bromea).

He tratado a los hijos de un matrimonio divorciado que, un año después de la separación, decidió volver a juntarse; el amor no había desaparecido cuando decidieron divorciarse, pero quedaba invisible tras la bruma de otros tormentos. Por otra parte, he hablado con padres que me han consultado conjuntamente cómo debían actuar para que su separación fuera lo menos dificultosa posible para su hijo y que, después de aclarar finalmente el funcionamiento de la pareja, han decidido continuar la aventura juntos. Naturalmente, hay situaciones que están demasiado adelantadas en violencia y desamor para hallar remedio, pero la reanimación es posible en más ocasiones de lo que se cree, evitando así la muerte de la pareja. En ocasiones es suficiente con podar las ramas del árbol que tapan la luminosidad del amor para que la familia reanude la vida. Entender las razones de las fracturas de las relaciones, los cambios de valores que comportan nuevas combinaciones amorosas, permite que nuestros movimientos emocionales reaccionen y que seamos un poco menos títeres de nuestro inconsciente. La presencia de niños justifica esta reflexión previa a la decisión de separarse. Prevenir es curar, en adelante.

☐ Nacimiento de un amor

Cuando pregunto a las parejas divorciadas sobre la intensidad del amor que inició su historia, nueve de cada diez me responden que se trataba de un amor fuerte o muy fuerte. El carácter oficialmente utilitario de una unión, el matrimonio «de conveniencia», tal como se conocía en el pasado o como existe todavía en otras culturas, ya no cuenta aquí y ahora. La independencia económica de las mujeres y sus nuevos derechos tienen mucho que ver en ello. Sin embargo, la seguridad económica sigue siendo un argumento oficioso en muchas uniones. Esto no impide que haya amor, pero la fuerza económica de uno de los miembros de la pareja puede tener un papel fundamental en su poder de atracción. Igualmente, la juventud o la belleza son otros atractivos que valen su peso en oro. Este tipo de unión no se produce cínicamente; simplemente, algunos se han construido afectivamente invirtiendo su libido en estas carencias. En su desarrollo afectivo (a causa, sin duda, de la forma en que fueron amados cuando eran niños) confundieron el verbo amar con el verbo poseer, mezclando posesión amorosa y posesión material, amalgamando el «ser amado» con el «tener», tanto aquel que «tiene» como aquel o aquella que «hace ver». Cuando este decorado desaparece, cuando se está al margen de la necesidad o cuando la necesidad renace, entonces se produce el fracaso amoroso, a menos que surjan otros relevos.

En el otro extremo del mapa del Amor, estaría el amor pasional. Normalmente lo genera un flechazo. El panorama amoroso entonces es más turbulento. Se congregan una atracción física intensa, una excitación sexual mayor, intensidad y violencia sentimentales, obcecación, exaltación emocional. Este *big bang* provoca en los amantes una evasión de la realidad que los rodea. En estos momentos de locura amorosa nacieron niños: se les ha denominado los hijos del amor. El regreso a la tierra es crucial para la supervivencia. Un amor sereno, romántico, hecho de comunicación, ternura, confianza, deseo, solicitud, tolerancia y afecto espera a menudo a la pareja cuando la pasión se disipa. Pero a veces ocurre que la bajada se realiza sin paracaídas y sin nada que espere debajo. En efecto, cuando estas dos personas se encuentran bajo el influjo del deseo y con la ilusión amorosa, el encuentro no va más allá del encuentro de los cuerpos. La unión es parcial y no va acompañada de eco emocional. Como los valores culturales y afectivos, el lenguaje, los centros de interés y la mitología personal no van al unísono, la camaradería no es posible. Y de estas uniones queda un recuerdo intenso y, a veces, un niño.

Si el flechazo inicia algo más de un tercio de las uniones, el camino más frecuente que conduce a formar una pareja es el conocimiento mutuo acompañado de un interés y una atención crecientes. Cuando existe deseo sexual, cuando los lenguajes de los corazones son complementarios y los valores culturales y afectivos se corresponden, la vida común se realiza.

☐ Los motivos de la desunión

Pero la mirada familiar y social conducida por valores materialistas o culturales puede invalidar uniones que, sin embargo, habían nacido del deseo corporal coronado con valores afectivos comunes. Entonces, la presión externa puede desunir. Las influencias familiares y sociales son agentes esenciales en la ruptura de muchas parejas. Si se entra en la casa común con un cargamento excesivo de vínculos familiares, que muchas veces son verdaderas cadenas llenas de pinchos, probablemente la pareja deba hacer muchos equilibrios. Es el caso de una familia que vive como un clan, en la que todos los elementos presentados, es decir, los yernos y las nueras, son considerados por los padres como indignos de sus hijos. También es el caso de Stella, la pequeña de tres hermanos, que no conoció a su padre porque abandonó el hogar cuando ella nació; por un mecanismo de repetición inconsciente, Stella se separó de su marido al nacer su tercer hijo. La vida de una pareja está sujeta a unos procesos transgeneracionales que no han sido decodificados a tiempo y que se toman por el destino.

Uno de los nuevos elementos sociales que influyen en la duración de la vida de las parejas es el consumismo que, al afectar a cada vez más ámbitos de la sociedad, invade también las relaciones entre dos personas. La presentación de las relaciones de las parejas en los medios de comunicación, donde prima el carácter espectacular de la guerra de sexos, es, sin duda, un factor que influye en las generaciones jóvenes, para las cuales los modelos televisivos se convierten en una imposición. Hace años, se permanecía en el ámbito familiar y uno intentaba adecuar la vida personal dentro de este. A partir de ahora, la adecuación de la vida personal prima y los sentimientos son los que dominan la vida de familia. Estamos todavía en un momento en que se produce un efecto rebote frente a las relaciones de parejas definidas hace dos o tres generaciones, cuando el lugar que ocupaban hombres y mujeres en la pareja distaba mucho de la igualdad.

A partir de esta desigualdad secular, se pueden entender ciertas reacciones de mujeres como ajustes de cuentas transgeneracionales. Y más cuando la sociedad ha dejado de condenar, como antaño, al soltero o la soltera con o sin hijos.

El elemento principal que se debe tener en cuenta es el aumento de la esperanza de vida. A pesar de que, en la actualidad, las parejas se deciden a vivir juntas más tarde, prolongando así la adolescencia en «adulescencia», las parejas nunca han tenido, a lo largo de la historia, la posibilidad estadística de vivir tanto tiempo juntas, con el consiguiente riesgo de crisis. Paradójicamente, el temor a envejecer no ha sido expresado nunca tanto, porque envejecer juntos es verse envejecer.

La cultura del amor en la pareja

La idea de fundar un hogar es una expectativa principal, aun cuando no se manifiesta de entrada cuando la relación empieza. A esta idea se añaden, para cada miembro de la pareja, muchas otras expectativas conscientes o no, realistas o totalmente utópicas.

De la satisfacción o no de tales expectativas, de los conflictos que nacerán debido a estas insatisfacciones, de la capacidad de la pareja de dominar las divergencias, de la habilidad de cada uno de los cónyuges para controlar el estrés de la vida cotidiana dependerá la duración de la vida de la pareja.

☐ **Amor y odio, un terreno de cultivo común**

Cuando los niños preguntan a sus padres por qué se han separado, la respuesta suele ser: «Porque ya no nos queríamos». Naturalmente, como cualquier obra de arte que no estuviera protegida, el amor puede erosionarse con el tiempo, perder brillo, gastarse por el uso y la rutina, y destruirse bajo las tormentas. La degradación se produce de forma insidiosa, con frecuencia a espaldas de los interesados, que, cuando se dan cuenta tarde, sólo puede constatar la magnitud de los daños. Sin embargo, mis observaciones, así como algunos estudios, indican que el amor, a pesar de haber evolucionado, muchas veces sigue estando presente hasta la separación. ¡No, no siempre es la desaparición del amor lo que lleva a la separación! Por otro lado, no habría tantas tensiones una vez efectuada la separación si no quedaran más que unas reliquias de amor. Si realmente reinase la indiferencia, no se darían estas guerras de trincheras o guerras de los cien años que suceden a tantas separaciones.

El odio, como si de una mala hierba se tratara, invade la tierra en donde la pareja había cultivado su amor y, con este paisaje, se acaba por no ver más que esta hierba, indestructible. Sembrada por las expectativas fracasadas, ha crecido bajo el sol negro de los conflictos y la falta de comunicación. Pero la tierra sigue siendo la misma, y la presencia de odio que acompaña a la ruptura no equivale a ausencia de amor. «Quien ama en exceso sabe odiar en exceso», escribió Aristóteles. Simplemente, si el amor es ciego, el odio es tuerto, y entonces la mirada que se dirige al otro se convierte en parcial.

Las disputas son normales dentro de una relación de pareja y existen en las parejas que están globalmente satisfechas de su relación. Pero en las parejas en crisis, se observa que las causas se atribuyen al carácter o a la personalidad del otro, y no a las circunstancias. Veamos una escena que se desarrolla en el marco de una relación satisfactoria: Juani se enfada con Sergio, porque ha dejado mil cosas suyas en medio del salón. Sergio refunfuña, pero no responde con dureza, y guarda dos o tres cosas, porque piensa que Juani está pasando por una época de estrés en el trabajo. Le dice que sabe que está estresada, pero que él también ha tenido un día cansado. Entonces le propone tomar un baño juntos, seguido de un masaje relajante cuando los niños estén en la cama; Juani se disculpa por haberse enojado. En el caso de una relación en peligro, Lisa se enfada y dice a Ricardo que será «siempre» un egoísta, que sólo piensa en su bienestar y que le da igual el de los demás. Ricardo, por su parte, no reacciona, rechaza el diálogo creyendo que Lisa es insoportable y que no cambiará nunca. El resultado lo escribe Musset en *On ne badine pas avec l'amour* (Con el amor no se bromea): «La euforia de los primeros días, luego la tranquilidad de los siguientes, y al final todo se había desvanecido, ella estaba sentada por la noche al amor de la lumbre y él junto a la ventana, sin decirse una palabra; su amor se había marchitado, y todos los esfuerzos para acercarse sólo conducían a riñas».

□ Renunciar a las expectativas quiméricas

La cultura del amor es un arte delicado que la pareja experimenta de forma empírica teniendo como modelos diferentes experiencias: la forma en que cada uno ha sido amado, las relaciones de amistad, la manera como se ha querido a su alrededor (y especialmente la relación de sus padres) y su propia manera de haber amado anteriormente. La regulación de la distancia entre intimidad y libertad es un factor de equilibrio. La buena distancia emocional también. Se trata de adaptarse a las necesidades del otro en este ámbito y de saber moderar las pretensiones de las esperanzas vanas. Que el otro responda siempre a mis expectativas, que me ame sin condiciones, que me ame sin que yo tenga que esforzarme y me acepte tal como soy, que yo sea todo para él, que el otro sea siempre tal como era al principio de nuestra relación, que esté siempre de buen humor, he aquí algunas de las expectativas quiméricas, esperanzas condenadas a no ser satisfechas y, por lo tanto, generadoras de decepciones o de crisis de pareja. Cuando no se destacan más que los comportamientos negativos (ausencias, desprecios, negligencias, torpezas) y se es ciego ante las aptitudes positivas (aceptaciones, atenciones, servicios), la pareja acaba por adoptar predominantemente estos comportamientos negativos renunciando a los otros.

□ Afrontar los obstáculos

La capacidad de gestionar los conflictos es un elemento de pronóstico importante para la duración de una pareja. Además, el hecho de que estadísticamente los hijos de padres separados se divorcian más que los hijos de padres no separados podría explicarse por la falta de aprendizaje en la resolución de las divergencias conyugales, en la medida en que el modelo parental sólo ha propuesto la separación como solución de los conflictos. La falta de interés por lo que el otro propone, por lo que el otro piensa, la dificultad para expresar los sentimientos, para comunicarse, la falta de compromiso en la relación, la debilidad creativa a la hora de encontrar salidas cuando la relación se encuentra en un callejón sin salida, la falta de disposición para aceptar compromisos son como piedras lanzadas al jardín del amor. La facilidad para entrar en conflicto también es, naturalmente, una amenaza. Y, al revés, evitar sistemáticamente los conflictos también lo es, porque la discordia marca muchas veces un obstáculo en el camino de la pareja, y es conveniente superarlo, ya que no enfrentarse a él también dificulta el avance.

Aceptar la discusión es aceptar la búsqueda de compromisos y de soluciones. Mayoritariamente son los hombres los que tienden a eludir los conflictos. Se ponen tensos y adoptan una posición de silencio, de retirada, de encerrase en ellos mismos. Las mujeres suelen apostar más por trabajar la relación, buscan soluciones, abren la discusión y obligan a los hombres a enfrentarse a la realidad. Esto a veces genera violencia en el hombre, que se ve obligado a salir de su madriguera y responde con la intimidación o pasando a los hechos. Cuando se instala la violencia física o psíquica, tanto si es masculina como femenina, la pareja tiene los días contados. Y lo mismo ocurre cuando la mujer, más comprometida en la esfera de la relación, deja de confiar en la pareja y opera un repliegue emocional, que significa que se ha entrado en la zona roja. Es entonces cuando toda la historia de la pareja, incluidos los puntos positivos, es revisitada de forma negativa y se concluye con el sentimiento o la convicción de haberse equivocado de pareja o, peor aún, de haberse dejado tomar el pelo.

Cuando uno de los miembros de la pareja decide separarse es porque la pareja se convierte en un obstáculo importante para su evolución personal. Naturalmente, entre las causas de la separación se citan los problemas económicos, el alcoholismo, la violencia (mencionada por las mujeres) y la falta de entendimiento sexual (aludida por los hombres), aunque las más frecuentes son la falta de acuerdo emocional, el empobrecimiento de la relación y una disensión de los centros de interés, los valores y los objetivos.

☐ ¿Qué significa infidelidad?

La fidelidad es otra de las principales expectativas de los hombres y las mujeres que inician una vida en pareja. La confianza y la sinceridad son, para la mayor parte de nosotros, los principales significantes del amor. La paridad ya está en marcha y la infidelidad concierne de ahora en adelante, en Occidente, tanto a las mujeres como a los hombres. Se dice que la motivación es más sexual en los hombres y más relacional o afectiva en las mujeres. Es probable, ya que lo sexual y lo afectivo no se definen ni se expresan de la misma manera en los hombres y en las mujeres. Para justificar una infidelidad, se aduce con frecuencia insatisfacción sexual o afectiva, pero también se alegan otras «explicaciones», como una forma de ver si realmente se siente cariño por el otro en un periodo de dudas, el deseo de venganza o, más simplemente, de hacer pagar el precio de un «no-compromiso». También puede tratarse de una falta de confianza, de la inquietud de ser abandonado por el otro, y entonces la infidelidad representa una manera de no jugárselo todo a una sola carta. Pero no siempre el origen está en la propia relación de la pareja. En muchas relaciones extraconyugales interviene una necesidad de confirmar la capacidad de seducción, y cumplen una función de revigorizar el ego en un momento de poca autoestima. Asimismo, traducen una necesidad de aventura y de excitación nueva en alguien que no considera el adulterio como amoral. Finalmente, nadie está eximido de la posibilidad de enamorarse una segunda vez. La capacidad de atracción de la otra persona, aunque sólo sea por la novedad, también tiene un papel significativo, sobre todo si esta nueva relación anuncia más expansión personal y sigue a una insatisfacción en la relación previa. Pero hay parejas que han resistido y han apuntado en el asiento de pérdidas y ganancias los episodios de infidelidad, considerándolos fenómenos accesorios que no cuestionan lo esencial.

☐ El estrés, enemigo de la pareja

Evidentemente el estrés es una causa mayor de separación. Me refiero a los factores de estrés externos a la relación de pareja, pero que, al ser como ataques repetidos, deterioran la vida de la pareja. Al estrés de la vida cotidiana (problemas en el trabajo, estrés económico, estrés familiar, obligaciones, inconvenientes de la vida de todos los días), que va minando la relación de forma insidiosa, se añaden los factores más consecuentes (mudanza, enfermedades, muerte de una persona próxima, pérdida del empleo, problemas con los niños, menopausia, jubilación) que repercuten de forma más directa en la calidad de la relación de pareja. Se puede constatar que el grado de insatisfacción que se pueda tener en la vida de pareja es directamente proporcional a la cantidad de estrés que sufren los miembros de esta. El estrés origina que las personas se encierren en ellas mismas, que se refuerce el egocentrismo y la falta de disponibilidad de cara al otro. La consecuencia es que la pareja pasa menos tiempo en común y se reducen los intercambios positivos. La irritación, la impaciencia, la intransigencia van en aumento, mientras que la amabilidad, la empatía, la actitud comprensiva, la capacidad de escuchar y la atención hacia el otro disminuyen.

Para un mismo nivel de estrés, la capacidad personal para saber enfrentarse a este cuenta tanto como la coordinación y la sinergia de las aptitudes de cada uno para crear una habilidad de pareja. La gestión común del estrés implica que ambos miembros sean aptos para apoyarse mutuamente en las dificultades, para descargarse en el otro, para relevarse y llevar conjuntamente las dificultades comunes. La solidaridad, el ánimo, la confianza, el cariño son los pilares para construir la estructura de los programas de acción comunes que permitirán protegerse de los factores de estrés. Cuando estos elementos faltan, la ayuda de los terapeutas de pareja, que puede ser muy eficaz para prevenir lo irreparable, estará limitada.

El papel de los niños en la separación

Insistiré en el papel de los niños como en uno de los factores que intervienen en la separación. ¿Son un factor que favorece o, por el contrario, refuerzan el vínculo conyugal? Esta cuestión es crucial para los principales interesados. Veremos que cuanto más joven es el niño, más se cree el centro del mundo y más cree ser el origen de los hechos. Todo gira alrededor de su ombligo y, tanto si se siente culpable como si experimenta una cierta satisfacción, considera con frecuencia que él es responsable en parte de la separación. Todo el mundo admite que es necesario explicarle que no tiene nada que ver en la separación, pero los niños no siempre nos creen, y algunas veces con razón...

☐ Cuando la mujer se convierte en madre

La llegada de un niño siempre es un acontecimiento de capital importancia en la relación de pareja, porque modifica profundamente el equilibrio de esta, las interacciones en la pareja, y redefine el papel de cada uno. Las cuestiones materiales pasan a ser de primer orden y se debe instaurar toda una nueva organización. Ajustarse a las necesidades del niño (sueño, alimentación, presencia, salud) ocasiona estrés. Al centrarse en el niño, cada uno deja de estar tan disponible para el otro.

Rafael es el padre de un niño llamado Max. Acudió a mi consulta porque tenía la idea de separarse. Recuerda que, cuando nació su hijo, su esposa estaba menos por él, le escuchaba menos, tenía menos atenciones y parecía que le exigía mucho más. Su esposa, por su parte, se lamentaba de que Rafael no adquiría suficientes responsabilidades, se comportaba como un niño, se iba con sus amigos a jugar al billar cuando ella tenía que quedarse con el bebé, volvía tarde por la noche y se irritaba si ella le hacía algún reproche. A estos elementos potencialmente perturbadores de la relación de pareja, hay que sumar los movimientos psicológicos y afectivos internos que se producen cuando uno es padre. Dichos movimientos originan cambios emocionales y actitudes nuevas. No resulta anodino ver que la esposa de uno se convierte en madre, ni tampoco lo es empezar a vivir con un padre. Las relaciones que hemos tenido con nuestro propio padre y nuestra propia madre pasan entonces a influir más en nuestras relaciones de pareja.

Un niño colma muchas de nuestras expectativas y crea otras nuevas. Se produce un reajuste y nuestras expectativas en relación con el otro miembro de la pareja cambian repentinamente. Débora y Simón eran una pareja unida desde hacía tres años cuando nació su hija. Su relación no tardó en alterarse. Débora dejó de estar a gusto en compañía de Simón. Ya no tenía ganas de él. No se mostraba agresiva hacia él, simplemente ya no lo deseaba, no se interesaba en absoluto por él, sólo tenía ojos para su hija. Débora se sintió colmada con la llegada de la niña. Reencontraba la simbiosis que había experimentado hacía tiempo con su abuela, que la había criado sola. En efecto, sus padres eran comerciantes y trabajaban demasiado para poder criarla convenientemente. Así pues, la confiaron a la abuela materna, viuda, que vivía en el campo, y la iban a buscar el fin de semana. Esto fue así durante siete años. La historia se acabó cuando falleció la abuela, quien, en el corazón de Débora, ocupaba el lugar de única madre. Con su hija, Débora reencontró el mismo tipo de amor, un vínculo con la vida y la muerte, que simbolizaba los mejores años de su vida. Cuando a los 7 años Débora volvió a vivir en casa de sus padres, unos desconocidos para ella, atravesó un largo periodo de depresión marcado por las dificultades escolares, mal identificadas en aquella época. Con el nacimiento de su hija, Débora volvió atrás, lastrada por el peso de su tristeza infantil. Sin saberlo, se convirtió en prisionera de su pasado. Y no veía que su compañero se alejaba de ella por despecho y se consolaba en los brazos de otra.

☐ **Cuando el hombre se convierte en padre**

Puede haber otras reacciones, alimentadas por un pasado todavía vivo. El análisis de la situación en casa de Rafael, anteriormente citado, mostró que, con el nacimiento de su hijo Max, él revivía el nacimiento de su hermano pequeño. Después de haber sido el mayor durante cuatro años, soportó mal la llegada de un hermanito, ya que no entendía que sus padres le dejaran de lado por un bebé mucho menos competente que él (¡que no sabía ni hablar, ni caminar!). Entonces experimentó una regresión volviendo a hacerse pipí en la cama y hablando mal. Con el tiempo, nunca llegó a «digerir» realmente este nacimiento y las relaciones con su hermano no mejoraron hasta que cada uno se hubo establecido en pareja. De hecho, todo sucedió como si hubiera generado su Edipo particular en torno a su hermano. En efecto, durante cuatro años vivió con la ilusión de que su madre, que no trabajaba, fuera toda para él y que él fuera todo para su madre. De entrada no había asimilado la relación que unía a sus padres, en parte por culpa de una relación conyugal mediocre. Cuando nació su hermano pequeño, su madre desplazó una gran parte de su interés y de su amor hacia este último. Rafael renunció al fantasma edípico de ser todo para su madre, afortunadamente para él, pero tomó a su hermano por rival edípico, y no a su padre.

Normalmente, un padre es competente para absorber esta rivalidad, ya que propone protección y educación a cambio. No ocurre lo mismo con un hermano menor, y Rafael no pudo abandonar su rivalidad fraternal. Al nacer su hijo, revivió este conflicto afectivo con su mujer en el papel de su propia madre y su hijo Max en el de su hermano (el hermano de Rafael es el padrino de este niño...). Igual que después del nacimiento de su hermano, Rafael se sintió abandonado e hizo una regresión a una vida de juergas constantes con sus amigos. Una terapia de corta duración, seguida de un acompañamiento terapéutico de la pareja, permitió desenredar la situación y volver a tejer los lazos de la pareja, lo cual se vio facilitado por el hecho de que el amor entre los dos miembros de la pareja había permanecido intacto.

☐ El nacimiento de un hijo, ¿factor de estabilidad?

El nacimiento de un hijo no buscado, especialmente en el contexto de una pareja joven que decide unirse debido a esta situación, es un factor de riesgo importante de posterior separación, tal como confirman numerosos estudios. En efecto, la pareja no ha tenido tiempo de construir una identidad propia y ha pasado rápidamente a una unión de tres, antes de que cada uno haya acabado de elaborar su identidad personal. A ello hay que añadir las dificultades materiales y económicas de las parejas jóvenes que no han tenido tiempo de prepararse para fundar un hogar.

La ausencia de hijos, o un hijo único, tampoco carece de peligro para una pareja. Es más, no es raro que el motivo de ruptura sea el número de hijos que se desea tener. La implicación del padre en la educación de los hijos es otro argumento importante para la satisfacción de la mujer en su vida de pareja. La presencia de hijos implica, en términos globales, una disminución del grado de satisfacción en la relación de pareja (que no debe confundirse con la satisfacción de la vida familiar). Sin embargo, es un factor de estabilización de una pareja. En efecto, todo parece indicar que una unión sin hijos es entre dos y tres veces más frágil que un matrimonio con un hijo pequeño. Aclaro lo de «pequeño» porque, pasados los 6 años, este factor de estabilización de la pareja desaparece, y una pareja que llevara seis años de vida en común tendría el mismo riesgo de separación con o sin hijo. Mi abuela afirmaba que una pareja que sólo tiene hijas es más frágil. Pues los estudios parecen darle la razón, ya que la ausencia de un hijo varón está estadísticamente ligada a un riesgo más alto de divorcio. La razón de ello es, sin duda, que la implicación paterna (factor de estabilización de la pareja) generalmente es mayor cuando hay, por lo menos, un varón.

☐ Los antojos del niño

A los niños pequeños les gusta estar rodeados de gente y les encanta tener dos padres con ellos. Pero sienten deseos de exclusividad y, a veces, les cuesta compartir al padre o la madre con el otro (a pesar de que esto sea necesario para su desarrollo). Tanto la niña como el niño manifestarán sus celos rechazando, por ejemplo, al papá cuando este vaya a acostarlos y exigiendo que vaya la madre. A algunos padres que se toman esto al pie de la letra les cuesta vivir lo que consideran como un juicio de valor y un rechazo profundo. Entre los 3 y los 5 años, el niño siente intensamente la relación conyugal que une a sus padres y cree poder controlarla, a falta de poder alternar un progenitor detrás del otro. Esta rivalidad, calificada de edípica, puede llegar a formas muy duras para los padres. Los caprichos del niño, sus exigencias y su actitud pueden crear conflictos en la pareja sobre la educación que se debe adoptar.

Lea, por ejemplo, se muestra antipática todo el día con su madre: no obedece a las órdenes más elementales, arrastra los pies, saca la lengua y saca a su madre de sus casillas. En cambio, es encantadora y obediente con su padre cuando llega a casa y este, como sólo presencia algunas escenas, opina que su esposa es demasiado severa con su hija, y así se lo dice. La madre, que ya se siente fuertemente desvalorizada en su papel de educadora, reacciona todavía con más cólera, lo cual confirma a su marido el exceso de agresividad observado. Con frecuencia veo a parejas debilitadas por los antojos y los deseos edípicos de los niños de corta edad. Con algunas explicaciones y consejos sobre la conducta que se debe seguir, los padres adquieren perspectiva y se favorece el retorno a la armonía, eliminando a veces el germen de una separación anunciada.

☐ Las tormentas de la adolescencia

Según he podido comprobar, la adolescencia es otra etapa de alto riesgo para las parejas. Los adolescentes adoptan comportamientos que ponen en peligro el equilibrio familiar. Las tensiones y los conflictos son cada vez más frecuentes, y las inquietudes también. Esto acaba perturbando la serenidad de las parejas, independientemente del grado de satisfacción que sientan por su relación. Los padres discuten sobre la actitud que hay que adoptar con el niño, situación agravada por juegos de alianzas más o menos conscientes entre el adolescente y uno de los padres.

Nos sirve de ejemplo Martín, de 14 años, que se opone permanentemente a su padre, cuyo comportamiento tilda de trasnochado; reivindica cada vez más libertad, no participa en nada en la vida de familia y la desvaloriza sistemáticamente. Se muestra cooperativo con su madre, a la que defiende desmedidamente cuando ella discute por una nimiedad con su marido. Entonces surgen conflictos entre los padres: ella le reprocha a él que «no se esfuerza» y que es «demasiado duro», y él la acusa a ella de «consentirle todo». En esta edad el niño puede aprovechar la menor brecha para inmiscuirse en la relación de sus padres, igual que haría un niño de 4 o 5 años. En el adolescente se reproducen los deseos amorosos edípicos (es decir, por sus padres), pero esta vez más molestos para todo el mundo, ya que tienen lugar en un cuerpo sexualmente maduro.

La adolescencia también es perturbadora para los padres, porque constituye el preludio de las despedidas. El hijo ya no es el mismo, se ha transformado físicamente de manera muy rápida. Su discurso, sus creencias y su actitud hacia ellos se han modificado rápidamente. Hasta entonces, crecía de forma progresiva, pero miraba siempre a sus padres con admiración. A partir de ahora, todo se cuestiona. Para algunos padres, y algunas madres en particular, esta pérdida es causa de depresión. El debilitamiento de uno de los miembros de la pareja o de los dos es, en sí mismo, una amenaza para el equilibrio relacional de la pareja. Este debilitamiento se ve reforzado cuando un abuelo, es decir, el padre o la madre de uno de los padres, enferma o fallece, ya que la adolescencia de los niños es contemporánea a un doble sentimiento de abandono en el padre y una reviviscencia de sus angustias de muerte.

☐ **Cuando el niño se hace hombre o mujer**

La transformación que representa la pubertad puede provocar emociones intensas y difíciles de gestionar por parte de los padres. Más aún si el niño se parece a un ascendente depositario del afecto del padre cuando era niño. Severina, por ejemplo, reconoce en su hijo de 13 años los mismos rasgos y el mismo carácter de su hermano, al que ella quiso por encima de todo durante toda su infancia. Esto no le ayuda a marcar distancias con su hijo porque, al haber muerto su hermano, le cuesta revivir un alejamiento que ella asocia a la separación (definitiva) de su hermano.

Cristian tiene una sola hija, María. Al volver a casa, le gusta rodear con un brazo a su hija y con el otro a su esposa, y decir mientras las besa cuánto quiere a sus «dos mujercitas». Hoy María, de 16 años, es el vivo retrato de su madre a la misma edad (Cristian conoció a su esposa precisamente a los 16 años). Todo el mundo ríe cuando se equivoca con los nombres y llama a su mujer María. De pronto Cristian decide alquilar un estudio para instalarse en él, pero nadie lo entiende. No hay amantes, ni conflictos serios que justifiquen tal decisión. A veces las parejas se rompen cuando un hijo se hace mayor, y estas rupturas pueden interpretarse como un alejamiento de la célula familiar, convertido en una necesidad por el aumento de la amenaza de índole incestuosa. Asimismo, en padres de adolescentes puede producirse el despertar de su propia adolescencia. Las preguntas existenciales de este periodo, las angustias y los momentos depresivos salen a la superficie. Las renuncias hechas en su momento para entrar en la vida adulta, los ideales enterrados bajo los imperativos de la realidad se vuelven a despertar.

Ante las transformaciones marcadas por la pubertad de su hijo, el adulto toma conciencia bruscamente de la brevedad del tiempo. Mira de otra manera su existencia. Reinterpreta sus esperanzas y sus sueños de juventud. Es la hora del primer balance. Entonces, en muchos casos, decide reorganizar su vida en función del tiempo que le queda y no en función del tiempo que ha transcurrido, porque lo hace con la ilusión de que es posible un nuevo punto de partida. Es la crisis del ecuador de la vida, hacia los 40-45 años, que coincide con la adolescencia de los niños. Si la pareja es frágil, puede romperse fácilmente debido a estos corrimientos del terreno afectivo. El ímpetu juvenil de los adolescentes en la fuerza de su deseo, de su belleza, de su sexualidad altera y hace despertar de nuevo los deseos enterrados de los padres. Se observan reacciones de repliegue en uno mismo con crisis de identidad, dudas, falta de autoestima, relacionadas con el sentimiento de estar envejeciendo.

David tiene 45 años, está casado desde hace veinte y tiene tres hijos. Uno de ellos, el de 18 años, sale desde hace poco con una chica. Proveniente de una familia judía tradicionalista, David decepcionó las expectativas familiares casándose, al alcanzar la mayoría de edad, con una mujer de religión católica. No obstante, la pareja unida siempre ha despertado la admiración de su entorno. Sin razón aparente, David fue presa de una gran pesadumbre y acabó dejando a su mujer para irse a vivir con una amiga de la pareja, una mujer de religión judía con quien rápidamente tuvo un bebé. Jamás ha hablado de enamoramiento ni tampoco de desamor respecto a su esposa. Dice: «No entiendo qué me ocurrió», y reprocha a su mujer que le pidiese que escogiera a una de las dos. Había llegado a la edad que tenían sus padres cuando él se había emancipado y se había unido con la futura madre de sus hijos. Su hijo mayor tiene la edad que él tenía entonces. Sintiéndose envejecer y superado por su hijo, a través de esta nueva unión se reconcilió simbólicamente con sus padres, identificándose con ellos y volviendo a una filiación tranquilizadora y protectora como la infancia.

Otra reacción, relacionada con la famosa crisis de los cuarenta, es que el padre empiece a ocuparse de su cuerpo e, identificándose con la adolescencia, busque aventuras amorosas. Por esta razón Oliver, de 43 años, después de una vida de pareja «sin historias» desde hacía quince años (la edad de su hijo Nicolás), acaba de abandonar a su compañera para juntarse con una chica de 20 años. Esto es válido para el hombre y también para la mujer. La menopausia puede ser vivida como una alteración de la feminidad, pero también como una forma de liberación, una «supresión de las reglas» que dictan la conducta de una mujer casada, lo que comportaría el despertar de deseos de todo tipo, especialmente afectivos. En definitiva, deseos de una nueva vida.

☐ **Cuando el amor se debilita**

La separación de las parejas responde a la erosión del amor, pero la pérdida de amor no es el verdadero motivo de las rupturas. Las separaciones tienen unas causas subjetivas y otras que lo son menos. Tienen, como las uniones, sus propios misterios. Las separaciones que no se desean profundamente pueden evitarse, y las dificultades matrimoniales pueden tratarse de otras maneras que no sean la separación. Según mi experiencia, las separaciones conflictivas son las más perjudiciales para los niños. Evidentemente estas son más numerosas que las separaciones amistosas. Pero existen otras formas de negociar el fin de un amor o una evolución radical de este.

Algunas parejas continúan viviendo juntas, teniendo una vida social común, pero no comparten vida íntima. Es más, duermen en camas separadas. Los hijos se acomodan bien a esta forma de organización en donde persiste el vínculo parental, pero ha desaparecido el íntimo. Los niños perciben más o menos conscientemente esta situación y cada uno, según su nivel de desarrollo psicoafectivo, reacciona a su manera. Tom, de 5 años, intentará dormir en la cama de su madre, pero padre y madre intervienen de común acuerdo para poner las cosas en su sitio. En este contexto, otros llegan a eliminar el compromiso de una relación de fidelidad, y cada uno es libre de tener su ámbito afectivo y sexual privado, fuera del marco familiar. Si el niño lo sospecha, lo cual ocurre sobre todo en la adolescencia, se le dirá que la vida íntima de sus padres no es cosa suya.

Por último, he tratado a parejas que han decidido, a efectos prácticos, continuar siendo tales en el sentido clásico del término, pero no vivir bajo el mismo techo. Siguen estando unidas afectivamente, pero viven como padres separados, cosa que los niños entienden bastante bien.

En el caso de que el interés personal no se considere suficiente, la presencia de niños justifica el hecho de que la pareja busque la ayuda de un consejero conyugal o un terapeuta (médico o psicólogo) para que la comunicación sea más armoniosa. Cada miembro de la pareja tiene la oportunidad de llevar las riendas de su destino amoroso, sin estar sometido a los vientos contrarios de su inconsciente, a las influencias familiares y sociales o a circunstancias exteriores. Y si esto no siempre evita la separación, por lo menos sirve para sentar las bases de una separación en un clima de diálogo, antesala de una buena coparentalidad futura.

2

El anuncio

Los adultos jóvenes a quienes pregunto sobre la separación de sus padres cuando eran niños citan, en lugar preferencial, el recuerdo del momento en que se lo anunciaron. José lo recuerda y lo escribe así:

«Yo tenía 6 años. Mis padres estaban en la cocina. La puerta estaba cerrada. Yo espiaba detrás de la puerta. Oía llorar a mi madre. Mi padre abrió bruscamente la puerta para salir. Su mirada sorprendida de verme allí se tradujo en seguida en unas palabras graves que me notificaban: "Tu madre y yo nos vamos a divorciar". Su tono de voz estaba impregnado de los vestigios de la disputa, y durante mucho tiempo creí que esta declaración era un castigo que yo recibía por haber espiado las conversaciones secretas de mis padres».

Un anuncio a dos voces

Es conveniente informar a los niños de una separación cuando no se está en un periodo de gran crisis. Y deben ser los dos miembros de la pareja quienes les comuniquen la noticia.

Manuel, de 31 años, también se acuerda: «Fue mi madre quien me lo dijo. Yo tenía 8 años. Estaba sentado en el salón, junto a mi hermano menor. Discutíamos sobre el programa de televisión. Ella nos pidió que la acompañáramos a su dormitorio. Nos cogió de la mano a cada uno y declaró con voz afectada: "Tengo que deciros algo importante. Vuestro padre y yo nos vamos a divorciar. Él ama a otra señora". Mi hermano se puso a llorar. Yo no dije nada y volví a sentarme delante del televisor. En aquel momento creí que no volvería a ver nunca más a mi padre, que se iría para siempre con aquella otra mujer. Era como si hubiera sido secuestrado por una bruja salida de unos dibujos animados. Es más, en varias ocasiones tuve pesadillas de este tipo».

El anuncio de una separación debe realizarse conjuntamente. Los padres han de entenderse para informar conjuntamente a los niños de su proyecto. No es el momento de ajustar cuentas. Puede ser perjudicial justificar de forma unívoca la separación y cargar las responsabilidades en uno de los padres, o en aquel o aquella que quizá se conviertan en segundo marido o mujer. Al niño hay que ahorrarle los rencores y las insatisfacciones contra el cónyuge o contra cualquier otro miembro de la familia considerado como cómplice o adversario. Los padres deberán haber preparado previamente el anuncio. Y, si fuera necesario, es aconsejable que vean a un psiquiatra infantil, un psicólogo o un asesor de un centro de atención familiar para definir claramente cómo debe ser su formulación común, sin que trasciendan los agravios respectivos. En el momento del anuncio se trata de olvidar que se es marido y mujer, y hablar únicamente como padres. Es preferible hablar el fin de semana, al principio de la tarde u en otro momento de calma. Se hablará apaciblemente, con dulzura y cariño, sentados cerca del niño, tocándolo con la mano, pero sin sujetarlo. Se le puede decir: «Tu padre (o tu madre) y yo tenemos cosas importantes que decirte. Nos ha parecido que es preferible no seguir viviendo juntos para estar mejor. No nos entendemos como marido y mujer. Por eso no viviremos más bajo el mismo techo. Cada uno tendrá su piso. Pero seguimos siendo tus padres y continuamos estando de acuerdo para ocuparnos de ti los dos. Seguirás teniendo un padre y una madre, pero a partir de ahora tendrás dos casas, una de papá y otra de mamá». Al desconocer las futuras modalidades de custodia, se esperará antes de decir al niño cuánto tiempo pasará con cada padre. Si el niño hace preguntas al respecto, se le responderá que, de momento, habrá una solución provisional, antes de tomar una decisión más duradera, todos juntos, con la ayuda del juez.

Conviene no ser demasiado expeditivo al dar la noticia. Es un error creer que siendo sucinto se hace menos daño, que se abrevia el sufrimiento. Hace falta tiempo para asumir las cosas importantes, y se digiere mejor lo que antes se ha masticado bien. El niño interpretaría la rapidez excesiva de la explicación como una negligencia o una falta de respeto.

Si son varios los hijos, se les debe comunicar la decisión tomada a todos de forma conjunta, pero es recomendable que, después, cada niño pueda hablar solo con los padres. Si surge la necesidad, cada niño deberá poder hablar de esto con sus padres, aunque también con otros interlocutores que él elija, por ejemplo con la madrina, el tío o un «doctor de los problemas», que es como yo llamo al psiquiatra infantil o psicólogo.

Naturalmente, muchas veces ocurre que el niño no acepta la nueva situación y utiliza todos sus modestos medios para intentar que los padres cambien su decisión y modifiquen el curso del destino. Se trata de protestas, gritos, llantos, enfados; a veces, llega incluso más lejos: cuando Flora, de 10 años, recibió la noticia, corrió a la cocina y tiró al suelo violentamente platos, cubiertos y varios utensilios; Guillermo, de 12 años, reaccionó pegando a sus padres; Enrique, de 13, amenazó con tirarse por la ventana si su padre se iba de casa. En estos casos se debe tranquilizar al niño, pero sin dejarle creer que puede cambiar una decisión que se ha madurado largamente. Si imagina que tiene poder para hacer cambiar a sus padres de opinión, significará que tiene un papel en la historia, una responsabilidad en lo que les une o separa. Y, por tanto, si él creyera que puede lograr su renuncia al divorcio y, pese a todo, el divorcio se produjera, cabría la posibilidad de que imaginara que no lo ha hecho suficientemente bien y que, en consecuencia, se sintiera culpable de dicho divorcio.

☐ **El amor de los padres es inoxidable**

Tranquilizar al niño es la clave. Tranquilizarlo, en particular, sobre la permanencia del vínculo parental. En efecto, el niño a menudo establece un paralelismo entre la relación que une a sus padres y la que él tiene personalmente con cada uno de ellos. Si con el paso del tiempo los padres pueden llegar a dejarse de amar y a separarse, ¿por qué no podría ocurrir lo mismo entre ellos y él? Es conveniente explicar al niño, si no se ha hecho antes, que no es el mismo tipo de amor. Y que el amor materno y paterno no es ni más ni menos fuerte que el amor entre dos enamorados (no se le debe hacer desesperar del amor conyugal...), pero que resiste el paso del tiempo porque está hecho de otra «materia»: es inoxidable. «¡Nosotros te amaremos los dos siempre igual!», hay que repetirle. También se le debe tranquilizar en lo que respecta a la relación entre los padres, explicándole que estarán siempre en contacto para todo lo relacionado con él, aunque sepamos que, desgraciadamente, esto no siempre resulta fácil. A pesar de que los padres vivan separados, el niño debe sentirse sostenido por una red parental.

☐ **El niño siempre es el fruto del amor**

Cuando recibo a un niño de padres separados y sugiero al padre, o la madre, que lo acompaña que hable del otro, siempre se refiere a la separación y a los motivos que llevaron a ella. El otro aparece descrito con sus defectos, que se presentan como el origen de la ruptura. Y el niño lo único que recuerda es esto. Todo transcurre como si, para él, la relación entre sus padres hubiera sido un gran campo de batalla. Por esta razón siempre pido a los padres que digan, delante de los niños, lo que les gustaba del otro, que expliquen qué fue lo que hizo que se sintieran atraídos y que se unieran hasta traer al mundo a uno o más hijos. Para los padres a veces es difícil recorrer el camino al revés, porque el tiempo ha borrado las huellas, el divorcio muchas veces ha sido conflictivo y se cree que la recuperación de una separación es más rápida si se niegan los deseos y el bienestar pasados. Pero cuando los adultos son capaces de explicarlo, cuando el padre dice que le gustó su mujer por su inteligencia, su dinamismo y su fuerza de carácter, cuando la madre cuenta que encontraba a aquel hombre guapo y simpático, entonces todos los niños que visito se incorporan en su asiento y la alegría les ilumina la mirada.

Cuando se comunica al niño que sus padres se van a separar, se le debe decir que, a pesar de que ya no se amen de la misma manera que antes, sus padres se han querido, que él es el fruto de ese amor y que, mientras estén vivos, él será la prueba de que ese amor existió; por eso él debe cuidarse a sí mismo, para proteger ese amor. Por desgracia, he visto niños en la consulta cuyos padres no lograban encontrar recuerdos de amor por el otro. «Nunca le he amado», me confesó Rebeca. «Me casé con él para marcharme de casa de mis padres. Fue el primero que se declaró, pero pronto empecé a no soportarlo». En este caso le digo al niño que si él eligió a esos padres para nacer, fue porque debió encontrar un poco de amor entre ellos, quizá sin que lo supieran y a pesar de que no quieran reconocerlo. La idea de que no haya habido ningún afecto en sus orígenes es intolerable para un niño, y esto es perjudicial para su autoestima. En las situaciones más dramáticas, en las que existe un odio verdadero entre los padres, hablo al niño de los lazos de amor que unían a sus abuelos y de los que él también es el fruto indirectamente.

¡No es culpa suya!

Cuando se anuncia la separación, y en todas las ocasiones que sea necesario, se debe desculpabilizar al niño. Todos los niños que he visitado se consideraban, aunque sólo fuera de manera muy parcial, responsables de la separación. Es cierto que el sentimiento de culpabilidad toma cuerpo desde la más joven edad, es decir, a partir de los 3 años. El niño imagina que no se ha portado suficientemente bien o no ha dado suficiente satisfacción para mantener los lazos entre sus padres. Concretamente cuando más culpable puede sentirse es a los 5-6 años y a los 12-13. Los 5 o 6 años corresponden al periodo edípico durante el cual se pregunta muchas cosas sobre los diferentes tipos de amor que existen y, especialmente, sobre los lazos que unen a sus padres, soñando tener un vínculo similar con uno de los dos. La madre de Rodolfo, de 6 años, dejó a su marido y se fue de casa con su hijo. Rodolfo imaginó que su madre había dejado a su padre por él. Y se sintió culpable de cara a su padre, su adorado rival, de haber ganado una lucha que a él le convenía perder. A los 12-13 años, con la pubertad, conflictos inconscientes de esta misma índole ocupan el pensamiento y los sentimientos de los chicos y las chicas. Esta reactualización de los conflictos edípicos se acompaña de una fuerte culpabilidad cuando coincide con una ruptura entre los padres. Se debe aclarar al niño que, a pesar de todo lo que él pueda creer o esperar, a pesar de todo lo que haya podido hacer y decir, él no es responsable de la separación. Entonces preguntará cuáles son los motivos. No se debe entrar en detalles de la intimidad de los padres. Al principio, mientras el hijo es todavía joven, se le debe hablar de generalidades sobre el amor, que no dura siempre entre dos adultos. La imagen mitológica de Eros, que hace del amor un ente independiente que une o desune a las personas a su antojo, es ilustrativa para los niños. Amar o dejar de amar no es un acto voluntario; es el amor el que decide quedarse o recoger sus flechas y emprender el vuelo. No hay más motivos para dejar de amarse que motivos había para amarse.

Naturalmente, se trata de generalidades para confortar a los niños, para ayudarles a no sentirse culpables y para proteger las imágenes parentales. El debate ahora no es justificar una separación por el desamor. Para algunos, esto cae por su propio peso; para otros el amor entre padres es el resultado de una voluntad, incluso de una lucha de cada instante. El niño no debe sentirse culpable por la desunión de sus padres, a pesar de que es bien sabido que la llegada de un niño modifica la personalidad de los jóvenes padres, así como la dinámica de la pareja. Evidentemente, la presencia de niños no es un elemento neutro en el vínculo afectivo de los padres, pero esto se lee en dos sentidos: puede acercarlos o distanciarlos. Y nadie puede predecir el futuro de la pareja si no hay hijos. Sea como fuere, no es el momento de mezclar a los niños en la relación de la pareja, sino todo lo contrario, es el momento de mirar por su equilibrio. Se dirá y se repetirá al niño que, independientemente de cuál sea el futuro de la pareja, sus padres no se arrepienten de que él haya nacido. Por último, conviene saber también que este anuncio, que todos los niños podían presentir por el cariz que tomaban los conflictos, a veces es un alivio, porque puede ser el inicio de una mejora en la vida afectiva. En caso de que el niño se sienta culpable de haber albergado esta esperanza, se le puede decir que tiene derecho a sentirse aliviado.

¡No nos precipitemos!

No se debe decir a los niños que los padres se van a separar si todavía no se ha planteado cómo va a hacerse efectiva la separación, sobre todo si son jóvenes. Para los pequeños el divorcio implica que los padres dejen de estar bajo el mismo techo. Es inútil hablar de separación a los niños si, por motivos prácticos, por ejemplo, todavía no se ha previsto vivir por separado antes de unos meses. La información relativa a los conflictos de los padres que se dé a los niños sólo debe contener lo que les afecta en su vida cotidiana. Si los padres no duermen en la misma cama, pero continúan viviendo juntos y ocupándose de los niños igual que antes, no deberán hacer ninguna referencia a la posibilidad de divorcio. Si los niños son testimonio de discusiones, se les puede decir que marido y mujer no se ponen de acuerdo, lo cual no implica obligatoriamente tensiones entre ellos.

Por desgracia, los comportamientos impulsivos no tienen en cuenta los intereses del niño y precipitan las cosas. Y las separaciones provisionales «para aclarar las ideas» pueden iniciarse como separaciones definitivas.

Alberto no puede seguir viviendo en su casa. Engaña desde hace poco a su mujer y ha llegado a la conclusión de que ya no quiere a su esposa. Le dice sin contemplaciones que va a irse de casa en cuanto pueda para instalarse en un estudio, cerca de la empresa en donde trabaja. Quiere que su esposa les diga a los niños que su padre va a desplazarse por motivos de trabajo. Ella se niega y piensa: «¡Que asuma sus actos delante de los niños!».

Cuando la separación está cerca, se debe informar a los niños. En el caso de Alberto, la madre de los niños no está preparada para esta separación, y la rechaza. Pero el caso es que el padre se va a mudar, y habrá que explicarlo a los niños. Y sin mentiras. Siguiendo con el caso de Alberto, los niños no entenderían la tristeza de su madre si, en efecto, su padre sólo estuviera realizando un viaje de negocios. Los niños perciben la incompatibilidad entre el discurso y las reacciones de sus padres. Notan cuándo sus padres mienten, igual que estos notan cuándo mienten los niños: al vivir juntos, se decodifican fácilmente los sentimientos. En este tipo de situaciones, las mentiras descubiertas empeoran las angustias de los niños y les hacen imaginar lo peor.

Sin embargo, no mentir no significa contarlo todo a los niños. Se les debe proteger al máximo de la intimidad afectiva o erótica de los padres. Ahora bien, es necesario informarles de las repercusiones en la vida cotidiana de estos movimientos íntimos. Los padres han de anunciar conjuntamente que se van a separar, y luego cada uno, padre y madre, deben hablar en su nombre, como padres, no como marido y mujer. Si Alberto persiste en su voluntad de marcharse de casa, puede decir: «Necesito tener un piso para mí. Es por razones muy personales, que ni yo mismo conozco muy bien. Vosotros no tenéis la culpa de nada, pero necesito vivir solo durante un tiempo. Vendré de vez en cuando a casa, cuando quede con vuestra madre. Pero sigo siendo vuestro padre. Podréis ir a mi casa durante el día, pero continuaréis durmiendo en vuestra habitación, porque yo viviré en un estudio. Podéis telefonearme cuando queráis y vuestra madre me tendrá al corriente de lo que ocurra cuando yo no esté». Naturalmente, tendrá la precaución de no mostrarse ante los niños con su amante, para que estos no se sientan en fuera de juego y su madre humillada. Por su parte, la esposa podría decir a los niños algo así: «Vuestro padre me ha comunicado su decisión. Yo no entiendo muy bien por qué y me entristece, pero es su elección de adulto. Espero que continuéis creciendo como antes y respetándonos a los dos. Cuando ambos veamos más clara nuestra relación de marido y mujer, seréis los primeros en ser informados». Ahora es demasiado pronto para hablar de divorcio, pero como la separación de hecho tiene más incidencia en la vida cotidiana de los niños, conviene decirles que posiblemente va a durar una temporada larga e, incluso, se puede reconocer que no se sabe exactamente cuánto tiempo. La esposa de Alberto puede pensar que peor que perder a su marido es sentirse injustamente abandonada, herida, envilecida, pero deberá ahorrarse todo comentario al respecto dirigido a los niños. Así, evitará fórmulas como: «¡Vuestro padre nos deja solos!», y no utilizará a sus hijos como confidentes de su sufrimiento. Al cabo de unos meses, Alberto volvió y su mujer aceptó volver a vivir con él.

Todo esto sirvió para enseñar a los niños que una pareja es una cosa viva, que evoluciona y que puede pasar por periodos de crisis.

No perder la cabeza, a pesar de la tormenta

Ser capaz de mantener las formas delante de los niños cuando se les anuncia la separación implica una gran capacidad de autocontrol. En efecto, normalmente la separación se plantea en un momento de gran crisis. Es la segunda causa más importante de estrés (la primera es la muerte del cónyuge). Se mezclan distintas emociones, como la cólera hacia el otro, la culpabilidad de no haber podido mantener el vínculo de amor inicial y el miedo a un futuro incierto.

Por eso a menudo se patina delante de los niños, atacando violentamente al padre o a la madre. Si esto sucede no hay que dudar en reconducir la situación, explicando a los niños que en periodo de crisis nuestras palabras superan nuestros pensamientos.

En caso de tensiones excesivamente intensas, recomiendo que los niños vayan a vivir a un lugar alejado de los conflictos, por ejemplo a casa de los abuelos que quieran ayudar a los dos padres.

Por lo general, como sucede en el caso de Alberto, inicialmente uno de los miembros de la pareja toma la decisión de separarse y el otro no la desea, hecho que desencadena la crisis.

Los casos en que, de común acuerdo y sin crisis, los padres se plantean dejar de vivir bajo un mismo techo son más raros y, lógicamente, se traducen en situaciones menos penosas para los niños. Sin embargo, no siempre están exentas de dolor.

Decir la verdad no significa contarlo todo

Cuando hemos comunicado la noticia a los niños, no debemos dudar en decir que es uno de los dos quien ha decidido marcharse. Esta verdad, los niños la perciben en las miradas, en el tono de voz, en todo lo que tiene que ver con la comunicación no verbal. No está prohibido emocionarse cuando se anuncian los hechos, ya que el corazón y la cabeza van en sintonía. Es normal que los niños lloren. Lo que no sería normal es que no lo hicieran. Se les avisará unas semanas antes de la mudanza del padre o la madre. No antes, porque esto podría generar una cierta confusión en los más jóvenes y alimentar una angustia por la espera de que llegue el momento. No haremos partícipes a los niños de nuestras previsiones, nuestras dudas o nuestras inquietudes, y, evidentemente, bajo ningún concepto les pediremos su opinión sobre nuestras intenciones. Esto sería traspasarles, en parte, la responsabilidad del divorcio y los implicaría de forma peligrosa en la intimidad de la pareja. Cuando se informa de la separación, se debe recordar al niño que nuestro amor de padres no acaba nunca, porque lleva el sello de la eternidad.

Tanto si llora como si no dice ni esta boca es mía, es raro que el niño, sobre todo si tiene más de 6 años, no haya tenido dudas acerca de la posibilidad de una separación. Y a la inversa, a veces visito a muchos niños angustiados ante la idea de un divorcio, cuando en realidad los padres no tienen la menor intención de separarse; lo único que ocurre es que discuten ocasionalmente. El gran número de divorcios que se producen en la actualidad hace que el niño, ya desde pequeño, sepa que es una posibilidad por la que pueden optar los padres. A pesar de que no hayan discutido delante de él, habrá percibido las tensiones entre ellos, por lo menos, el distanciamiento progresivo. Pero, pese a estos presentimientos, el anuncio de una separación sigue siendo un momento que afecta mucho y que, por norma general, cuando el niño sea adulto recordará como una etapa fundamental de su existencia.

Una vez comunicada la decisión, no está ya todo hecho, queridos padres. De ahora en adelante habrá que gestionar el después...

3
¿Qué tipo de custodia?

La elección del modo de custodia es un tema delicado. Entran en juego los deseos de los padres e importantes condicionamientos materiales. No existe una solución fácil ni universal.

La mejor es aquella, muchas veces utópica, en la que los padres, a pesar de vivir separados, continúan funcionando conjuntamente en la educación de los niños, complementándose y apoyándose. En este marco ideal, los niños podrían circular de un lugar de vida a otro según sus ganas, necesidades y posibilidades materiales (en caso de distancia importante), adaptándose a la organización del tiempo definida por los padres.

En algunos estados de Estados Unidos, como California, los niños viven permanentemente en el mismo lugar, y son los padres quienes se alternan para ir a vivir con ellos durante un periodo de tiempo previamente acordado por ambos miembros de la pareja. Esto exige una vivienda para los niños y otra para cada uno de los padres. Este sistema, difícil de aplicar, es seguramente el menos perjudicial para el niño, ya que permite evitar los cambios semanales de vivienda, pero no siempre es conveniente desde el punto de vista del bienestar de los padres.

La elección del tipo de guarda y custodia

☐ La custodia exclusiva

Hasta nuestros días, no había ninguna otra posibilidad que la custodia exclusiva confiada o concedida a la madre. Es la fórmula de custodia más corriente después de una separación. Se estima que, después de una separación, cuatro de cada cinco niños viven con la madre, tanto en familia monoparental como en familia recompuesta. Normalmente, el padre tiene a los niños un fin de semana de cada dos y la mitad de las vacaciones escolares. Los padres que obtienen la posibilidad de ver a su hijo más frecuentemente pueden tenerlo un día laborable. Hay que decir que, en este contexto, las relaciones entre el padre y los niños a menudo se debilitan. Con el tiempo, debido a un cambio de domicilio, a cambios en el ámbito laboral, a la adolescencia o a una recomposición familiar por parte del padre, los niños ven cada vez menos a su padre. Este modo de custodia, que, sin embargo, es el elegido mayoritariamente, desemboca, en la práctica, en la amputación de los lazos que unen al niño con la figura paterna.

La custodia exclusiva concedida al padre es una modalidad que raramente se aplica. Cuando se da el caso, generalmente es porque la madre, por motivos materiales, de salud u otros, no está en condiciones de hacerse cargo de la custodia. Cabe decir que una de las características de las familias monoparentales dirigidas por una madre es, por lo general, el descenso de los recursos económicos.

La paridad, el trabajo de las mujeres fuera de casa, la implicación más diversificada de los padres en la educación de los hijos y una definición menos rígida que antaño de los papeles paterno y materno han contribuido, en el marco de una evolución de toda la sociedad, a la instauración de la custodia compartida. Este modo de custodia todavía es minoritario, pero gana adeptos y todo parece indicar que irá en aumento, como está sucediendo en Estados Unidos.

□ **La custodia compartida**

La custodia compartida, o guarda compartida, permite al niño mantener una relación positiva, por lo menos cuantitativamente, con los dos progenitores. Con frecuencia mejora las relaciones entre el niño y uno de los padres (generalmente, el padre) que se apoyaba en el otro para la educación de los niños. Garantiza al niño una mejor conservación de los aportes afectivos y materiales. El hecho de que los padres se repartan de forma más equitativa el peso de las funciones parentales permite una implicación continua de los dos progenitores. No está sistemáticamente distribuida en la proporción de 50 % y 50 %. Se puede considerar custodia compartida a partir del 30 % del tiempo total de guarda del niño, es decir, dos días por semana, como mínimo. Para que este tipo de custodia sea eficaz se necesita un cierto nivel de comunicación, pero esto no debe ser una condición sine qua non. En efecto, un niño cuyos padres no se comunican, o todavía están enfrentados, tiene aún más necesidad de estar en contacto con cada uno de sus progenitores, porque ellos mismos son incapaces de establecer el vínculo. La custodia compartida obliga a efectuar desplazamientos regulares entre las dos viviendas y los padres deben tener en cuenta este factor a la hora de escoger domicilio. Mantener las relaciones con las dos figuras parentales da más garantías de continuidad en el desarrollo afectivo y psicológico del niño que sólo conservar la relación con uno. Los niños, prácticamente en todas las situaciones, prefieren mantener el vínculo con ambos progenitores, ya que es lo que les parece menos alejado de lo que vivían anteriormente.

□ **Un acuerdo a veces difícil de encontrar**

Puede ocurrir que los padres se pongan de acuerdo sobre un modo de custodia. Esta es la solución más simple. Pero lo que parece más simple para los padres no es, necesariamente, lo que más respeta los intereses del niño.

Gregorio ha dejado sin animosidad a Sofía para irse a vivir con otra mujer de la que se ha enamorado. Tiene una hija de 7 años y un hijo de 11. Gregorio se siente muy culpable de cara a Sofía. Esta, que todavía le quiere, está destrozada por la separación. Es toda su visión de la vida lo que ha sido tirado por los suelos. Se encuentra sola, al borde de un abismo al que sólo los niños le impiden precipitarse. Naturalmente, Gregorio no duda un instante en dejarle la custodia de los dos niños, movido por la culpabilidad de haberla hecho sufrir. Sin embargo, el hijo mayor, un preadolescente al que tengo en tratamiento un año después de la separación por dificultades escolares y un comportamiento agitado, no está bien. Sufre el traumatismo de un divorcio todavía cercano y también la falta de un padre que no está suficientemente presente para este chico que alberga en su interior a un hombre en potencia. También sufre por curar excesivamente las heridas de su madre con su presencia, en detrimento de su desarrollo personal. El interés de los niños no es reconfortar a sus padres.

Fuera de los casos de consentimiento mutuo, el modo de custodia es, a menudo, un motivo importante de conflicto. Entonces debe intervenir el juez, que, a su vez, puede requerir la intervención de un educador, de un asistente social o de un psicólogo, que realizan un informe social en el domicilio de los padres y preguntan al niño. Cada progenitor actúa pensando, naturalmente, en los intereses del niño. Pero, por desgracia, no es lo único que está en juego. Cuando Catalina pidió el divorcio, estaba al límite de su paciencia. Su marido no se implicaba ni en el papel de marido ni en el de padre. Se comportaba de forma egocéntrica, dejaba a su esposa todas las tareas ingratas domésticas y no dudaba en satisfacer sus deseos personales y en gastar el dinero de la pareja en el juego. También se mostraba grosero cuando ella le contrariaba. El divorcio tuvo lugar en unas condiciones particularmente conflictivas. En aquella ocasión, el padre pidió la custodia de los niños, que hasta entonces no habían suscitado su interés, únicamente con el objetivo de perjudicar a su esposa (se lo confesó en una discusión) y propició la prolongación de un divorcio que él no deseaba por razones de comodidad económica. La custodia de los niños también es, como se puede ver, un instrumento de poder, de presión o de represalias.

Las ventajas de la custodia compartida

La custodia compartida se propone cada vez con más frecuencia, pero, al igual que la custodia exclusiva confiada al padre, es una resolución minoritaria por parte de los jueces. Cuando un progenitor la solicita pero se encuentra con el rechazo del otro, el juez a veces, de forma excepcional, decide una residencia alternada a modo de prueba. En este caso, se ordena la residencia alternada provisionalmente durante un tiempo, pasado el cual el juez toma una decisión definitiva. Debatiendo la conveniencia de este tipo de custodia en los medios audiovisuales, me he dado cuenta de que su instauración conlleva movimientos pasionales. Todo transcurre como si se tratara de un debate entre conservadores y reformistas, pero, sobre todo, como si fuera una lucha de hombres contra mujeres. No en vano las asociaciones feministas y sus equivalentes masculinas se oponen al tema como si se tratara del derecho de los progenitores a tener más o menos partes de niños. En realidad, el propósito debería ser evitar que los niños, víctimas del divorcio de sus progenitores, tengan que elegir entre ellos.

La custodia compartida permite al niño vivir alternativamente con cada uno de sus padres, de forma repartida y equilibrada. Una condición indispensable de este modo de custodia es una cierta proximidad geográfica. Es evidente que el niño ha de poder ir al mismo colegio todo el año, sin un desplazamiento del domicilio al colegio que exija invertir un tiempo fuera de lo racional. Si los padres residieran en lugares muy alejados este proyecto sería irrealizable, salvo si existiese la previsión de un cambio de domicilio.

La corta edad del niño también complica un desplazamiento importante de un domicilio a otro. El tiempo de estancia estipulado va de dos días a dos semanas, según la edad del niño. Cuanto más pequeño es el niño, mayor es su necesidad de ver a sus padres con asiduidad. Una semana cada dos es el modo que se propone con más frecuencia. La custodia compartida no implica forzosamente un tiempo igual de residencia. Los parámetros a tener en cuenta son, además de la edad del niño, sus necesidades, sus actividades, su escuela, así como las disponibilidades de cada progenitor y sus nuevas situaciones familiares en caso de familia recompuesta.

□ **Una responsabilidad realmente conjunta**

Este tipo de custodia implica, y hace más evidente, una coparentalidad real, situación de la que algunos padres intentan huir más o menos conscientemente, porque el vínculo de coparentalidad está demasiado mezclado con el vínculo conyugal que quieren romper. La coparentalidad puede continuar expresándose económicamente, porque la pensión alimentaria no desaparece sistemáticamente con la custodia compartida en caso de desigualdad de ingresos, para conservar unas condiciones óptimas para el bienestar material de los niños. Se debe saber que sólo uno de los dos progenitores podrá percibir las prestaciones familiares. La coparentalidad se expresa también en la responsabilidad conjunta de los dos progenitores en caso de perjuicio causado por su hijo. La custodia exclusiva presenta un riesgo de ahogo, sobre todo cuando el progenitor que sólo tiene a los niños el fin de semana forma una nueva familia con otro compañero que tiene otros hijos. Puede ocurrir, por ejemplo, que los niños del primer matrimonio tengan muchas ganas de ir a casa de su padre y este se muestre menos insistente para verlos. La custodia exclusiva no permite realmente la posibilidad de coparentalidad, en el caso en que un progenitor sólo vea a su hijo cuatro o cinco días al mes.

Prácticamente todos los niños de padres separados que acuden a mi consulta me dicen que habrían preferido vivir con la misma frecuencia con su padre que con su madre. Hay que reconocer, no obstante, que son niños que nunca han experimentado la custodia compartida. Las situaciones en las que los niños no la echan de menos son aquellas en las que un progenitor no asume sus funciones parentales o muestra un trato negativo. Y, con todo, sucede que, a pesar de las deficiencias parentales, el niño se niega a elegir. Todavía se dan otras situaciones, pero no reflejan un deseo claro por parte del niño. Es el caso del niño que, aprovechando la ausencia del otro padre, establece un vínculo edípico con uno de los progenitores, o el caso del niño que es víctima de alienación parental, es decir, es prisionero del deseo de un padre que lo utiliza contra el otro. El peligro, cuando un juez decide una custodia exclusiva, es que el niño la entienda como la designación de un progenitor ganador y otro perdedor, o, más aún, de un progenitor validado y otro invalidado y, como tal, desvalorizado a los ojos del niño. Todo ello comporta dificultades de identificación secundarias en relación con el padre, ya que, en general, es este el «desclasificado».

☐ **Una ocasión para conservar «las dos mitades»**

La custodia compartida permite al niño seguir beneficiándose de los dos polos de filiación. Ello favorece la coherencia entre los elementos de su personalidad adquiridos por identificación con su padre y los adquiridos por identificación con su madre. Permite que el padre se implique realmente en la educación de su hijo, y que este último se beneficie de ello. Permite que la madre disponga de más tiempo para ella y pueda desarrollar su vida de mujer, y no sólo de madre. Permite a los dos progenitores, en interés del niño, no renunciar a la coparentalidad, a pesar de la desaparición del vínculo conyugal.

La custodia compartida debería ser la propuesta de partida, la que sirviera de base para el trabajo, aunque sólo fuera para que el niño viera claramente que, dentro de él, su mitad paterna y su mitad materna están respetadas. A partir de ahí, a medida que evolucionaran los condicionantes de vivienda, edad, estilo de vida particular del niño, salud, competencias y, naturalmente, deseos de los padres, se debería revisar el sistema y formular otras propuestas.

Si la custodia compartida no es posible, se debe abordar con el máximo tacto posible al decidir la modalidad de residencia. Se puede proponer, cuando las condiciones de escolaridad lo permiten y el niño tiene más de 7 años, un año la custodia exclusiva con un progenitor, por ejemplo, y otro año con el otro. Por otro lado, no hay que tardar en socorrer a un niño que está confiado en custodia compartida a un progenitor que sufre problemas de salud (depresión, alcoholismo) concediendo la custodia exclusiva al progenitor válido.

◻ El caso particular del niño muy pequeño

La situación de los bebés y, en general, de los niños menores de 3 años constituye un caso especial, en la medida en que la madurez psíquica del niño hace necesaria la presencia continua de las figuras tutelares y, especialmente, de una figura afectiva. No es extraño que esta figura afectiva continua sea la niñera, que es el adulto que pasa más tiempo de vigilia con el bebé cuando los dos padres trabajan. En caso de separación parental, es importante que el niño pueda conservar a la niñera. A estas edades, la residencia alternada es difícil de adaptar al ritmo de vida del niño. Es aconsejable que este tenga un lugar de residencia fijo en donde pase las noches. Este lugar puede ser bien casa del padre o bien casa de la madre, según los deseos de estos últimos, su modo de vida y su temperamento, dado que, efectivamente, hay personas, ya sean hombres, ya sean mujeres, con más o menos competencia para garantizar una seguridad afectiva a los niños más jóvenes. Según las posibilidades de organización (horarios de trabajo, domicilio), el bebé deberá poder ser confiado durante unas horas, o incluso durante el día, al otro progenitor, cuando a este le resulte posible. Es deseable una cierta regularidad para que cada progenitor pueda organizarse y el niño tenga referencias. En la práctica, esto ocurrirá, sobre todo, los fines de semana, aunque otras modalidades son posibles. A partir de los 3 años, pueden darse las alternancias de tres o cuatro noches.

En cuanto a las vacaciones, no aconsejo para los menores de 4 años separaciones superiores a una semana por año de edad (una semana como máximo para un niño de 1 año, dos semanas para un niño de 2 años, etc.) del progenitor en casa de quien duerme.

La custodia compartida muestra más claramente la necesidad de concertación entre los dos progenitores. También presenta al niño de forma más marcada las diferencias entre las normas educativas de los progenitores. Cuando tratemos este tema más adelante, veremos que esto puede ser menos negativo de lo que se cree para el niño. Pero la custodia compartida también muestra que los jueces deben disponer de los medios para conseguir los consejos de los profesionales de la infancia en las reflexiones previas a sus juicios.

Me han contado situaciones de niños de menos de 3 meses confiados en alternancia de seis días al padre y diez días a la madre. ¡Alternancias durante un mes! O también el caso de un magistrado que prescribió la fecha de destete de un niño al que su madre daba el pecho, con el propósito de iniciar una custodia compartida. Estas sentencias, que tratan a los seres humanos como si fueran bienes materiales, repercuten gravemente en el desarrollo del niño.

En cuestiones de custodia, hay una regla suficientemente importante para servir de conclusión a este capítulo: su carácter evolutivo. Sea cual sea el tipo de custodia, aunque se ha visto cuánto se impone en los primeros años de vida, el juicio debería ser fácilmente revisable, y, por qué no, las modalidades deberían ser fijadas por un tiempo limitado, para tener la seguridad de que haya una revisión.

De una casa a la otra

Acostumbrados a ser dos para ocuparnos de los niños, deberemos adaptarnos a nuestro nuevo papel de progenitor «soltero». Dicho esto, algunas mujeres replicarán que ellas ya se ocupaban solas de los niños, ya que el padre se limitaba a echar una mano. Sin embargo, a pesar de que el padre se contentara siendo un «padre-niñera», ahora aparece siempre una dificultad: la disminución de los recursos económicos.

□ La mudanza

Si usted ha tomado la decisión de mudarse, aunque sólo sea por motivos económicos, le resultará útil hacer que los niños participen de forma activa en la mudanza, si ellos lo desean, naturalmente. Podrán visitar la futura vivienda con usted, antes de los trabajos, y seguir parcialmente su desarrollo. Así aprenderán muchas cosas, tendrán tiempo de hacerse a la idea de que se marcharán de su antigua casa y, además, «digerirán» mejor el nuevo lugar. Asimismo, podrán aportar un pequeño toque personal en lo que se refiere a la decoración, especialmente de su habitación. Habrá que tomarse el tiempo de escoger con ellos sus cosas. Será una ocasión para recordar conjuntamente el pasado. Quizá sea el momento de tirar cosas usadas o inútiles, sin insistir si el niño no se muestra demasiado dispuesto a hacerlo. Perder la unión de sus padres y su lugar de residencia es bastante desestabilizador, y el niño necesita aferrarse a cosas de su pasado. Los juguetes y la ropa viejos pueden guardarse en el trastero a la espera (un año aproximadamente) de que el niño se sienta mejor para deshacerse de ellos. No hay que olvidar hacer fotos de la antigua vivienda. También habrá que enviar a los amigos y a las dos familias la nueva dirección del niño. Por último, se podrá volver a ver la antigua casa, después de haber hecho la mudanza, para mostrar que sigue estando allí.

☐ **La tristeza del domingo por la noche**

Los cambios de una casa a otra son causa frecuente de malestar en el niño (malestar que puede durar un día entero) y, por tanto, de estrés para el progenitor. El niño debe adaptarse, en cada ida y vuelta, a un nuevo universo con reglas nuevas y sentimientos diferentes: cuanto más joven es el niño, más diferente se muestra según esté con su padre o con su madre. En él tiene lugar una verdadera transformación. Esto es especialmente cierto en el niño de menos de 8 años. Durante este tiempo de transición, no sabe demasiado bien quién es ni qué hace. Es presa de la emoción de encontrarse con su progenitor y, a menudo, se deja desbordar por ella. La vuelta a casa del otro progenitor supone un momento de agitación en donde se mezclan tristeza, cólera y alegría.

Es la tristeza de dejar a uno, su espacio de vida, sus costumbres en aquel lugar. Pero también es, más universalmente, la famosa pena del domingo por la noche la que marca el final de un ciclo. La cólera se entiende como una reacción a un cambio de estado, un reproche de cara a un progenitor que lo deja, pero también responde a la necesidad de rechazar al progenitor que va a dejar, como iniciando la separación anunciada. Se trata de desprenderse de uno antes de ir a manos del otro. Los más jóvenes a veces llegan a vomitar durante estos cambios, como si se liberaran de «un yo-mamá» o de un «yo-papá» —adoptando la expresión de Françoise Dolto—, porque se sienten identitariamente diferentes según estén con un progenitor o con otro. La alegría que se traduce en una excitación física se entiende como el placer de reencontrarse con el otro progenitor que le ha faltado. El padre debe mostrarse paciente y tolerante ante estas reacciones de pena, y tranquilizar al niño enseñándole en el calendario cuándo volverá de nuevo. Se le puede hablar de lo que hará con el otro progenitor en términos positivos. A los muy pequeños se les puede dar un objeto personal, con el valor de objeto de transferencia. Hay que aceptar que el niño quiera llevarse juguetes u otras cosas, con el riesgo de no recuperarlos en seguida, ya que para él es una forma de no dividirse demasiado radicalmente entre sus dos progenitores. Recuerdo el caso de un niño que lo pasaba tremendamente mal en estos cambios. Propuse que le regalaran un gato que pudiera llevar consigo. Los padres se mostraron inteligentemente cooperantes, y los cambios acompañados con el gato se realizaron sin ninguna crisis (salvo para *Fang*, al que no le gustaban nada los desplazamientos).

☐ Cómo reaccionar

Normalmente el progenitor que tiene la custodia es el que paga las reacciones del niño en las situaciones de custodia exclusiva. Al ser depositario de la estabilidad del niño, este lo considera un interlocutor más válido de sus emociones ante los cambios de estado. En este contexto, su agresividad expresa también la cólera por el hecho de haber sido «abandonado» mientras estaba en casa del otro. Entonces debemos dar muestras de paciencia y tranquilidad, decirle que hemos pensado mucho en él durante su ausencia, que nos alegramos mucho de su regreso, pero que necesita calmarse en su habitación y organizar sus cosas. Los momentos de reencuentro deben dedicarse a actividades de descanso. Se evitará, por ejemplo, hacer deberes. Más que acribillarlo a preguntas sobre qué ha hecho en casa del otro progenitor, es preferible contarle lo que hemos hecho y lo que ha ocurrido en su ausencia (por ejemplo, que *Edy*, su conejillo de Indias, se ha escapado de la jaula y se ha escondido en un armario), para que pueda establecer una continuidad entre su partida y su regreso. A los padres les corresponde conseguir que este momento sea lo menos difícil posible obligándose a respetar los horarios y comportándose con amabilidad el uno con el otro. El niño nota las tensiones entre sus padres, y esto alimenta las suyas propias, sobre todo si es muy joven. En este momento hay posibilidad de transmisión, y sería una lástima renunciar a ella, porque para el niño es un alivio ver que sus padres se comunican. Muchos padres convierten el colegio en el lugar del intercambio. Pues... ¡por qué no! Pero, en este caso, se evitarán intercambios delante del niño y, sobre todo, que sean las materias aprendidas del lunes las que ocupen el tiempo de metamorfosis del niño.

Nuevo padre

Muchos padres se apoyaban tanto en su mujer, o bien su mujer les había dejado tan poco espacio para el niño, que la separación les obliga o, paradójicamente, les permite una mayor proximidad con su hijo. A algunos les causa pánico, para otros es un verdadero descubrimiento lleno de placer. En la práctica, el padre, a pesar de tener al niño mucho menos tiempo que su ex esposa, tiene las mismas oportunidades de establecer relaciones informales con él, porque prioriza las actividades de ocio. El hecho de tenerlo en fin de semana y un día laborable no influye en nada. La madre está más tiempo con el niño, pero dedica más tiempo a las necesidades (escolaridad, salud, higiene, mantenimiento de sus cosas, desplazamientos, compras) y a la dimensión puramente educativa. El niño, para una misma actividad, reacciona de forma distinta en términos de intensidad emocional. La menor frecuencia de la participación paterna en una actividad corriente le proporciona, de entrada, una carga emocional mayor. Y, al contrario, estas diferencias en las reacciones son el testimonio del desequilibrio entre la función paterna y la función materna debido a una custodia no compartida. Muchos hombres se sienten descalificados como padres porque no fueron buenos maridos, especialmente si abandonaron a su mujer por otra. Afortunadamente, los padres no necesitan ser maridos perfectos para tener el derecho a ser padres. ¡Si no fuera así, los padres serían una especie rara!

En el terreno educativo, los nuevos padres solteros temen aplicar sus propios principios educativos y se someten a lo que sus esposas, legitimadas por su función materna bien instaurada hasta el momento, les piden que hagan. Pues bien, no deberían dudar en aplicar sus propias ideas educativas, aunque difieran de las de sus ex esposas. Esto no significa que deban hacer todo lo contrario, para demostrar su independencia, pero es aconsejable que piensen por sí mismos, leyendo libros sobre educación, consultando las opiniones de su entorno o a profesionales de la infancia. Los niños tienen mucho que ganar si son educados según visiones complementarias.

Por otro lado, un padre que aplica principios educativos que no son los suyos no es creíble a ojos del niño. Si usted respeta las leyes y se informa acerca de las necesidades elementales de los niños, siga los consejos de Montaigne: «Haz lo que tú creas y conócete».[1]

☐ Ser padre continuamente

El padre que sólo ve a sus hijos cada dos fines de semana puede desentenderse de su función por considerar que no le aporta nada viéndole tan poco. Y más aún si durante estos cortos periodos el niño, que necesita enfrentarse a él para construirse, se muestra a ojos de su padre desagradable en la convivencia. Estos padres deben recordar que también son padres a pesar de la ausencia psíquica del niño. Son padres cuando trabajan para pasar una pensión. Son padres cuando se entrevistan fuera del tiempo de custodia con el profesor, el monitor de deporte o el psicólogo del niño. Son padres cuando piensan en lo que harán el fin de semana, cuando les buscan un regalo o les mandan un correo electrónico o una carta.

El padre solo con su hijo puede recurrir a la madre si tiene dificultades con el niño, incluidos los problemas de disciplina. Se habla mucho de la famosa «ley del padre», tal como la define el psicoanalista Jacques Lacan. Dicha ley se entiende mal porque se interpreta como si sólo el padre pudiera ser el fundamento de la autoridad. Pero es, ante todo, la ley del que «complementa». El principio de la triangulación, que introduce a un tercero entre el niño y su padre, permite

---

1. Montaigne, *Ensayos*, 1, 3 (1580).

desbloquear muchas situaciones. Cuando el padre o la madre están atrapados solos en su interacción con el niño (bloqueo comunicativo, desobediencia), no deben sentirse desvalorizados ni malos padres si piden ayuda al otro. Y se sorprenderán de ver cómo una simple llamada sirve para desbloquear una situación. Ni que decir tiene que esto implica una comprensión mutua de ambos progenitores en este mecanismo de acción, además del abandono de cualquier rivalidad pueril de padre más o menos competente.

Su padre no se ocupa de él

Si el padre se olvida de ir a buscar a su hijo, debemos contener la ira y no mostrar nuestro enojo con él delante del niño. Mantendremos la sangre fría y diremos al niño: «Tu padre no ha podido venir tal como estaba previsto. No sé por qué, pero se perderá pasar el fin de semana contigo. Supongo que estarás decepcionado, pero esto no debe impedirte imaginar lo que habrías podido hacer con él. En cualquier caso, yo te voy a proponer algo». Conviene prever siempre otras actividades. Si los olvidos se repiten, podemos convenir con el juez que el niño sea llevado a casa de los abuelos paternos.

□ ¿Por qué?

Algunos hombres abandonan la función de padres paralelamente a su renuncia de la función marital. Para algunos resulta realmente fácil, porque ya no desempeñaban su función paterna durante su vida en pareja, bien porque no habían intentado ocupar este lugar, bien porque no les habían dejado. Conflictos repetidos, una mudanza lejos o una segunda mujer que no quiere saber nada de los hijos de su marido pueden acabar con una implicación paterna frágil. La custodia que concede muy poco tiempo al padre para solidificar su relación con el niño, unas condiciones materiales precarias que no permiten unas buenas condiciones de acogida, así como problemas personales (desempleo, enfermedad, alcoholismo...) son otros motivos que pueden explicar el abandono paterno. Y no siempre es fácil de remediar. A veces, los profesionales que hacen el seguimiento del niño consiguen contactar con este hombre y restablecer los vínculos alterados por malentendidos y sufrimientos.

Si los niños refunfuñan cuando tienen que ir a casa de su padre porque se aburren con él, si las condiciones de acogida son poco confortables o si la madre los retiene por un conflicto de lealtad, el padre se puede sentir «abandonado». En contrapartida, a veces el padre, ya desamparado por la situación singular de tener que ocuparse él solo de sus hijos, no reacciona con suficiente perspectiva, renuncia y desatiende a los niños, interpretando como un rechazo lo que no es más que una provocación afectiva o un gran desasosiego.

◻ Cómo actuar

El papel de la madre es entonces esencial, aunque limitado. No le resultará fácil ayudar a su antigua pareja valorizándolo y haciéndole ver la importancia de su función para los niños. En cambio, sí puede evitar agobiar inútilmente al padre delante del niño.

Si el padre realmente claudica, no sirve de nada dar al niño falsas esperanzas ni hacerle sentir culpable. Se le puede decir: «Tu padre no es capaz de cumplir con su función de padre, ya lo has visto. Quizá tiene otros problemas. No sé por qué, pero es así. Espero que esto no dure, pero no podemos saberlo. Yo no soy responsable de lo que está pasando, ni tú tampoco. Mientras esperamos que la situación mejore, debes saber que hay otros hombres que puedes tomar como modelo (tu abuelo, tu padrino, tu profesor de judo). No olvides que tu padre, como hombre, tiene cualidades que a mí me gustaron y que son las siguientes (cítelas). Estás en tu derecho de recriminarle que no quiera ocuparse de ti, pero esto no significa que no debas aprender sus cualidades. De todos modos, eres su heredero. Solamente tú, tus hermanos y tus hermanas podéis juzgarlo como padre».

Durante el tiempo de custodia que normalmente corresponde al padre se podrá confiar el niño, si esto fuera posible, a miembros de la familia paterna (abuelos, tíos).

4
Nuevo cónyuge

Atreverse a rehacer la vida

Hay que aceptar que no siempre se lleva puesto el «chip» de los niños en todos los ámbitos y, en todo caso, no en el terreno sentimental. Si tenemos la suerte de rehacer la vida, nos encontraremos que los niños, con las lágrimas acabadas de secar, todavía están superando sus desilusiones. Aunque nuestra felicidad recuperada es fundamental para que ellos puedan estar bien, a veces se muestran protestones, reivindicativos, llorones. Estarán angustiados por la situación amorosa nueva. Y, sobre todo, como percibirán nuestro bienestar, nuestra nueva fuerza, se creerán legitimados para portarse mal después de haberse contenido durante mucho tiempo con el fin de no «empeorar» las dificultades familiares. A sus ojos, tenemos suficiente aplomo para que ellos puedan desahogarse y comprobar hasta dónde aguantamos. Debemos interpretar sus malas reacciones ante nuestra felicidad como la lluvia que acompaña el arco iris.

La imagen de los nuevos cónyuges, madrastras y padrastros, como se decía antiguamente, goza desde hace siglos de muy mala reputación. El poeta alejandrino Calímaco nos aconseja en sus *Epigramas*, ocho siglos antes de Jesucristo, «evitar la misma tumba de nuestras madrastras». He visto a mujeres y hombres que han renunciado a vivir con otra pareja después de divorciarse, por los intereses de los niños, pensaban. Pero, paradójicamente, estas mismas personas no habían renunciado a divorciarse, a pesar de que es más doloroso para un niño que unas segundas nupcias. No me refiero, naturalmente, a las mujeres que, apenadas por el abandono de su pareja, renuncian al amor, hacen un voto de celibato y justifican su opción en nombre de los niños. Las mujeres son las que se quedan más solas. Los hombres, estadísticamente, rehacen más rápidamente y con más frecuencia la vida con una nueva pareja. Como si las mujeres no se atrevieran a rehacer sus vidas, cuando son dos de cada tres las que proponen la ruptura. ¿Acaso esto se debe al hecho de que los hombres soportan peor la vida en solitario? Creo que también hay otro motivo: mayoritariamente los niños se confían a las madres. Verónica, de 37 años, pertenece a esta categoría de madres que vuelven a ser solteras: «En cierta ocasión conocí a alguien, pero mis niños y los suyos reaccionaron mal. Preferí darme un tiempo».

☐ **Un sacrificio inútil**

¿Cuántas historias de amor han sido sacrificadas en el altar del supuesto bienestar del niño? ¿Temen estas madres frustrar a su hijo compartiendo su tiempo y su amor? He comprobado que, normalmente, son las mujeres las que tienen dificultades para continuar amando a sus maridos después del nacimiento de los niños. Las que renuncian al amor conyugal por sus hijos dan involuntariamente a estos últimos la ilusión de que pueden controlar sus vidas amorosas. Son niños que creerán imponer la ley en casa, lo cual es terreno abonado para posibles conductas delictivas en el futuro. Pero el peso del sacrificio de la madre se vuelve contra ellos, tanto si son ellos mismos quienes así lo interpretan como si es la madre quien se lo recuerda. Esto culpabilizará a unos niños que no se atreverán a vivir su vida afectiva al margen de sus madres. Las niñas, sobre todo, necesitan ver que en sus madres coexisten el papel de mamá, el de señora (rol social) y el de mujer, para identificar todas estas funciones y no pensar que una excluye a las otras. He conocido a niñas en estas condiciones que han acabado siendo mujeres que han renunciado a la maternidad, porque en su interior esta no es compatible con la imagen de mujer realizada en la vida amorosa y sexual. Los chicos también necesitan ver que sus madres también son mujeres, si no corren el riesgo de no desear más tarde a sus mujeres cuando sean madres y buscar otras mujeres fuera de la pareja. El hecho de saber que su padre y su madre tienen una relación sexual con otro (independientemente de que este otro viva o no en casa) protege a los niños de la violencia de sus propias pulsiones incestuosas, es decir, de su deseo inconsciente de ocupar este lugar vacante, un deseo que les invade y altera la tranquilidad psicológica necesaria para los mil y un aprendizajes de este periodo de la vida. Esta violencia, fuente de malestar, induce a algunos niños a pedir a su progenitor que se vuelva a casar, tal como hizo la pequeña Milena, de 6 años, que quería que su madre se casara con su maestro.

Algunos padres, unas veces por razones materiales, otras por debilidad moral, vuelven a vivir a casa de sus propios padres. A ojos del niño, se trata de una verdadera regresión que hace que, para él, su padre vuelva a ser un niño. Esto afecta en mayor o menor grado a su desarrollo psicológico, ya que se produce una ruptura en la barrera genealógica. Dicha barrera se podría comparar con la barrera de coral que protege de los tiburones. Aquí, los tiburones son el inconsciente de los niños y los fantasmas de todos los tipos, especialmente incestuosos, que habitan en él. Esto también perturba la identificación de los niños con este padre que está como destituido por los abuelos.

Los prejuicios del niño

Veamos qué ocurre cuando el niño conoce al nuevo cónyuge, que ahora se ha convertido en real para él, ya que comparte el piso del progenitor o lo visita de vez en cuando. El niño había oído hablar de esta persona durante una discusión, denigrada por el padre engañado. La ha visto en alguna ocasión, al volante de un automóvil acompañando a su padre o a su madre.

Los prejuicios raramente son buenos. Cuando el niño conoce al nuevo cónyuge después de la separación de sus padres, le atribuye la responsabilidad del drama. Al margen de toda racionalización sobre los motivos de la ruptura, esta condena del nuevo cónyuge permite al niño proteger la imagen de sus padres de toda «responsabilidad» en la separación y protegerse a sí mismo de toda culpa. Escuchemos a Kevin, de 6 años: «Si mis padres se divorcian es por culpa de una mujer que trabajaba con papá. Como no tenía marido, le robó a mi madre el suyo». Si el nuevo cónyuge acaba siendo, a la larga, el segundo padre o la segunda madre del niño, se corre el peligro de que esta actitud sea el germen de unas relaciones posteriores difíciles con el niño.

No aconsejo presentar demasiado pronto a la nueva pareja, precisamente para evitar este tipo de cristalización. Un niño «digiere» mejor un divorcio si se conduce por etapas. Primero se deben sentar las bases de la separación física, cada progenitor ha de tener su lugar en la vida y la custodia debe estar definida, y, a continuación, se podrá presentar al niño a aquel o aquella con quien el progenitor compartirá la vida.

Un impacto a menudo positivo

No debemos creer que la nueva vida en pareja sea perjudicial para el niño. Por el contrario, en la mayor parte de los casos es una situación favorable para él, siempre y cuando esta nueva relación sea duradera y transcurra armoniosamente. Cuando Tomás declara, a sus 4 años, a un compañero de clase, «¡Yo tengo dos papás!», está muy orgulloso de ello. En gran parte, porque todos los miembros de su familia recompuesta se entienden a la perfección. Se siente el doble de fuerte que su amigo. Aunque se siga teniendo un solo padre, se pueden tener dos o más papás, es decir, hombres que se ocupen del niño.

Los padres de Benjamín y Simón tuvieron una separación problemática. Nada más tomar la decisión, su madre se fue a vivir con el que había sido su amante. Se instauró un régimen de custodia compartida. Al cabo de un año, el padre conoció a la que sería su nueva compañera. Se sentía culpable por la idea de hablar de ella a los niños, después de haberles dicho que quería tanto a su madre y que no soportaba a su segundo padre porque se la había quitado. Yo visitaba al mayor de los hermanos y este me dijo claramente que se alegraba mucho de que su padre, por fin, tuviera una novia, porque para él era muy triste verle solo.

La presencia de un nuevo cónyuge evita que el lugar de al lado del progenitor quede libre, lugar que todos los niños tienen la ambición de ocupar, tanto si son niños como si son niñas. Esto resulta especialmente claro entre los 3 y los 6 años, pero incluso a más edad, porque este deseo se actualiza rápidamente con motivo de la ruptura de los padres. Es más, una de las consecuencias negativas de las separaciones de los padres es sumir al niño en una etapa del desarrollo pasada, causándole una regresión en el terreno psicoafectivo. Y, a menudo, esta regresión se acompaña de una regresión comportamental o, incluso, intelectual. Este nuevo cónyuge puede aportar un nuevo modelo de identificación, sacando al niño de la relación monolítica conflictiva que a veces domina la relación parental. Además, y este es, sin duda, uno de los aspectos más interesantes para el niño, su presencia interviene en la mejora anímica del progenitor en cuestión, sobre todo si este último se había sentido abandonado y había perdido autoestima.

En las situaciones en las que el progenitor no vuelve a tener pareja, el niño puede sentirse culpable por haber ganado una competición imaginaria, por haberle «robado» la mujer o el marido, creyendo que él ha intervenido en el divorcio. Además, con respecto al progenitor «solitario», el niño puede tener la tentación de «sacrificarse» por él, haciéndose el propósito de ocuparse de él, de cuidarlo, de consolarlo, de serlo todo para él. Y como todo esto se realiza, desgraciadamente, en detrimento de su desarrollo personal, de su autonomía afectiva, el niño no se autoriza a divertirse sin la compañía de este progenitor abandonado. He constatado que, a largo plazo, al llegar a la adolescencia, esto puede traducirse en conductas de riesgo o agresividad, orientadas a romper nudos que acaban siendo imposibles de desenredar.

Aprender a conocerse

Quienes hayan leído *El principito* de Saint-Éxupéry saben que, gracias a las enseñanzas del Zorro, para familiarizarse con alguien se necesita tiempo y unos encuentros regulares para que progresivamente se vayan tejiendo los vínculos. Es así como deberán conocerse mutuamente el nuevo cónyuge y el niño. Desayunaremos con el «amigo» o la «amiga» de mamá o papá, nos visitará, nos acompañará al parque o cuando vayamos de compras. No obstante, el amigo o la amiga no dormirán en casa hasta una segunda etapa. Hacer las cosas progresivamente es una forma de respetar al niño. ¡Imaginemos cómo reaccionaríamos nosotros si nuestra hija o nuestro hijo, ya adolescentes, llevaran a dormir a casa a alguien que no hubiésemos conocido antes! Cuando el amigo o la amiga duerman en casa, el niño deberá ser informado previamente de que se tiene una relación amorosa con él o ella. Puede que las primeras noches no descansemos demasiado...

Escuchemos a Emilia, la madre de un niño de 5 años, Román. Llevaba un año separada de su marido, y cuatro meses atrás había conocido a Gilberto. Este y Román se conocieron poco a poco, durante las visitas de Gilberto, el fin de semana sobre todo, y luego algunas noches. Gilberto le hablaba, se interesaba por él y jugaban juntos. Román rápidamente le cogió cariño, aunque al principio necesitó hablarle de su padre para valorizarlo: «Mi padre tiene un coche muy bonito, y también un ordenador, y sabe hacer muchas cosas, etc.». Emilia cuenta: «Unos días antes de que ocurriera por primera vez, avisé a Román de que Gilberto iba a pasar la noche en casa. "Las cosas funcionan así cuando se quiere a alguien y se es mayor", le aclaré. No reaccionó inmediatamente, pero al llegar el día señalado, me pareció que estaba algo nervioso. Sin duda, notaba mi recelo. A medianoche, Román llamó a la puerta de mi dormitorio lloriqueando, diciendo que quería dormir conmigo. Yo había instalado un pasador para que no me pillara con Gilberto. Tuve que explicarle que una madre duerme con su novio, pero no con su hijo; que si mi hijo ocupara el lugar de mi novio, ya no sería mi hijo, y que yo no quería que mi hijo fuera mi novio. Pretextó pesadillas, y le dije que Gilberto y yo podíamos protegerle de los peligros, aun estando cada uno en su dormitorio. Me dijo que quería hablar con su padre y le respondí que podría hacerlo al día siguiente, no sin aclararle que en aquel preciso momento él estaba durmiendo con su novia. Entonces concluyó, como revancha, que cuando él tuviera una novia, ni yo ni Gilberto podríamos ir con ellos. Las siguientes noches volvió a la carga, pero luego las cosas se normalizaron».

◻ **Definir la función del recién llegado**

Cuando el nuevo cónyuge pasa cada vez más tiempo en casa, o incluso se instala en ella, su función con respecto al niño debe ser bien definida. Haya o no boda, los términos que se pueden utilizar, desde el punto de vista del niño, son *segundo padre* o *segunda madre*, o *papá nuevo* o *mamá nueva*. Estos términos han ido eclipsando los de padrastro y madrastra, que tienen una connotación peyorativa, porque este padrastro o esta madrastra no siempre son mal acogidos por el niño.

Carolina dejó a un marido que no le hacía caso. Tampoco hacía caso a los niños, Gastón y Aurelia, que ahora tienen 11 y 9 años. Después del divorcio, el padre se apartó todavía más de los niños y renunció a tenerlos la mayor parte de los fines de semana que le correspondían. Su alcoholismo influía decisivamente en su desentendimiento. Cuando Carolina tuvo un nuevo compañero, Benito, los niños lo acogieron muy bien, sobre todo porque desde el principio se implicó en la función educativa. Tanto y tan rápidamente que los niños pasaron a llamarle papá, especialmente Gastón, que estaba esperando una identificación masculina y estaba orgulloso de poder llamarle así ante sus amigos. Carolina y Benito me preguntaron sobre este punto. ¿Cómo tenían que reaccionar? Les respondí que Benito podía decirle al niño que lo quería como el hijo de su mujer, pero que no era su padre.

Esto es importante, sobre todo con los niños de menos de 7 años, que pueden confundirse. Es un buen momento para explicarles cómo «se hacen» los niños y el papel que juega el padre en la concepción. Para ellos es importante aprender que la mitad de su patrimonio genético procede de su padre y que los une a él y a toda la familia paterna.

También es importante que el niño entienda que, a pesar de que ya no vea a su padre, cuando este desaparezca heredará de él, ya que cuanto más joven es el niño, más significativa es para él la dimensión concreta de los intercambios.

Se le puede decir, igualmente, que, aunque su nuevo padre no es realmente su padre, sí puede ejercer la función de papá, sobre todo si el padre de nacimiento se deja ver poco, como en el caso de Gastón y Aurelia, o bien ha fallecido. *Papá* designa la función, mientras que *padre* designa el estado civil. El segundo padre puede hacerse llamar *papi* o con otra palabra que evoque su función, como el término inglés *daddy*. Otra propuesta es añadir el nombre de pila a *papá*, por ejemplo, *papá Benito*. Pero cuando ya se han dado todas las explicaciones y se ha aclarado quién es el padre verdadero y el papá de todos los días, no hay ningún inconveniente en que los niños mayores llamen simplemente *papá* a su segundo padre, si así es como deciden identificarlo.

La decisión de vivir en pareja con el nuevo cónyuge debe comunicarse también al otro progenitor. Si el diálogo es difícil por las emociones y el rencor, se le puede comunicar por escrito. Es importante tranquilizarle y aportarle seguridad en su papel de padre o madre, sobre todo si se trata del progenitor que no tiene la custodia y sólo ve a los niños un fin de semana de cada dos. No informar al otro o no hacer caso de sus observaciones y preguntas sobre la nueva situación en relación con los niños podría provocar por su parte una actitud de rechazo que contaminaría a los niños. No hay que dudar en comunicar las situaciones que hacen referencia a la segunda madre o al segundo padre. Evidentemente, no se trata de que el ex o la ex puedan decidir en nuestra vida afectiva, pero es normal que cada progenitor tenga un mínimo de información sobre el adulto con el que su hijo estará en contacto íntimo día y noche.

◻ Cuando la aceptación es mala

Demasiado a menudo el nuevo cónyuge es visto como un intruso. Las razones de ello son numerosas. El niño lo responsabiliza de la ruptura de sus padres, con lo cual les protege, a ellos y a los otros miembros de la familia, al tiempo que se protege él también de la culpabilidad. La otra razón son los celos edípicos del niño, que inconscientemente se vería él mismo como la pareja ideal para el progenitor «descasado». El niño también se convierte en el portavoz del padre abandonado que está celoso del rival que le ha quitado el lugar. Actúa entonces por iniciativa propia, ya sea por lealtad, ya sea para responder a las expectativas del progenitor en cuestión. Un divorcio sin heridas ni magulladuras implica, evidentemente, que cada progenitor pida a su hijo que respete la decisión del otro y que respete a su nueva pareja. Cuando se es el miembro de la pareja que ha sido abandonado por el otro, se necesita un gran esfuerzo y presencia de ánimo para ser capaz de tragarse el despecho o el odio. Pero debe hacerse por el bien del niño, que no gana nada estando en conflicto con su segundo padre o madre y, de rebote, con el progenitor que vive en pareja. En este tipo de conflicto gastaría una energía que iría en detrimento de su equilibrio afectivo y de su desarrollo personal. Es más fácil para el padre decir al niño que respete a su segundo padre, cuando el segundo padre en cuestión no le falta al respeto a él, no lo critica y actúa con tacto, dando a entender que no busca «destronar» a la madre o al padre.

El respeto no obliga al amor. La madre puede decir a su hijo: «No estás obligado a querer a tu segunda madre, pero es la mujer que tu padre ha elegido como nueva esposa. Faltarle al respeto es faltar al respeto a tu padre, y esto no puedo aceptarlo».

Desgraciadamente, los celos hacia el nuevo cónyuge que siente el progenitor abandonado con frecuencia alimentan el rechazo por parte del niño del segundo padre o la segunda madre. No obstante, también puede ocurrir, por paradójico que pueda parecer, que los celos surjan del lado del progenitor que ha originado la ruptura.

Ana, de 42 años, dejó a su compañero, Marcos, después de doce años de vida en común y dos niños, a consecuencia de una relación pasional con Felipe, con quien se fue a vivir. Su ex compañero se recuperó a duras penas de la separación y, al cabo de dos años, tuvo otra pareja, una mujer más joven que él. Esta unión quedó sellada por un rápido embarazo. A Ana le sentó muy mal esta fecundidad, ya que ella no podía tener más hijos. Su actitud hacia Marcos cambió. Se volvió distante, hostil, empezó a criticar abiertamente a su nueva compañera delante de los niños, que se convirtieron en portavoces de dicho resentimiento.

El nacimiento de un niño en el seno de la nueva pareja también puede modificar la actitud del nuevo padre o la nueva madre. Juan Carlos pasó por un divorcio conflictivo que se alargó mucho en el tiempo. Su mujer le abandonó y él no pudo conseguir la custodia de los niños. Dos años después de haber concluido el divorcio, tuvo un niño, Mateo, con su nueva compañera. Juan Carlos se volcó tanto en Mateo que desatendió a sus otros hijos. Se volvió exigente y duro con ellos, porque para él representaban un pasado penoso que deseaba olvidar, mientras que Mateo anunciaba la felicidad reencontrada. Los dos mayores culparon de este cambio de actitud a Mateo y a su madre, a la que rechazaron y trataron mal, en respuesta a la venganza de su padre contra ellos. Un breve trabajo con los niños y el padre, que había acudido a mi consulta pidiéndome consejo, permitió restablecer la relación y disipar las tensiones. Juan Carlos solicitó incluso ver con más frecuencia a sus dos primeros hijos y compartir la custodia.

☐ «¡Tú no eres mi padre!»

«¡Tú no eres mi madre!», le dijo Yasmina, de 12 años, a Silvia. Es todo un clásico, pero no por ello es agradable de oír. Normalmente comporta una deslegitimación del nuevo padre en su función educativa. Aparte de las razones anteriormente citadas, a veces se trata de ponerlo a prueba. Independientemente de la edad que tenga el niño, es una pregunta disfrazada sobre la definición de las funciones, los derechos, los deberes de cada uno, así como las reglas internas de la familia. La autoridad del segundo padre debe quedar claramente establecida. Se debe decir al niño que, según la ley, sólo hay dos personas que tengan autoridad sobre él: su padre y su madre. Todas las otras autoridades lo son por delegación. La autoridad de una segunda madre no es una autoridad materna, sino una autoridad paterna por delegación que dura el tiempo que lo hace el vínculo entre el padre y su nueva compañera. Dicha delegación existe, a menos que el primero prohíba a la segunda toda autoridad sobre el niño. Silvia podría responder a Yasmina: «Claro que no soy tu madre, pero tu padre me ha prestado su autoridad sobre ti, y, por lo tanto, tienes que respetarme igual que lo respetas a él». Lógicamente, la segunda madre no debe tratar de suplantar a la madre, ni criticarla directa o indirectamente delante del niño. El segundo padre deberá abstenerse de intervenir en las discusiones entre los padres y en las decisiones de la línea educativa (elección de una actividad de ocio, orientación escolar, práctica religiosa, etc.).

☐ **Enfrentamientos necesarios**

Los conflictos con el nuevo compañero del padre o de la madre, en periodo edípico (3-6 años) y aún más en la adolescencia, no deben inquietar. Son el signo de que el niño se toma en serio al adulto en cuestión y lo «utiliza» para resolver su Edipo o «superar» la crisis de adolescencia. Se podría considerar que son enfrentamientos necesarios, en el sentido de que intervienen en el desarrollo psicoafectivo del niño y que habrían tenido lugar con los padres. Si se producen con los nuevos padres es porque estos, en la mente del niño, ocupan una función similar, la de pareja sexual y amorosa de su padre o su madre.

Cuando recibí a Francisco, se lamentaba de que la hija de su mujer le «buscaba» constantemente. A lo que le respondí: «Si se comporta así con usted, es que le considera como un padre, y, sobre todo, como la pareja de su madre. Le busca por la posición que ocupa, y es en esta posición en la que debe encontrarle».

Ser padre de adolescente no es fácil. Se es cuestionado repetidamente y se sufre la ingratitud del hijo. Pero el padre soporta estas dificultades recordando los años agradables en los que era un dios para aquel niño. En cambio, el segundo padre recibe lo peor sin haber conocido lo mejor, y hay que tener una gran humanidad para aguantar.

□ La historia de Antoñín

Antoñín tiene 14 años. Sus padres se separaron cuando él tenía 4, pero ambos se volvieron a casar. Debido al tipo de tutela acordada, transcurre la mayor parte del tiempo en casa de su madre y Juan, el segundo marido de esta. Antoñín siempre se ha llevado bien con Juan. Juegan al tenis y Antoñín quiere ser ingeniero, como él. Juan le ayuda a hacer los deberes y Antoñín es muy buen alumno. Pero Juan ha sido la víctima de su «crisis de adolescencia». A partir de los 13 años, Antoñín empezó a llevarle la contraria, a hablarle menos, a criticarle. Comenzó a rendir menos en el colegio (las notas empeoraron) y dejó de jugar al tenis. Su padre, al que quería pero sin tenerlo idealizado, se libró de todo reproche, y Antoñín se comportaba de forma modélica con él. Psicológicamente, Antoñín dividió el imago paterno. Juan, el segundo padre, pasó a representar al mal padre y su padre, al padre bueno. Este procedimiento es una forma muy económica psicológicamente hablando de soportar los conflictos. Un hijo, de cara a su padre, en la adolescencia se debate entre la estima y la necesidad de distanciarse de él o de medirse con él. Antoñín evitó estas ambivalencias complejas y duras de soportar utilizando de forma maniquea sus dos figuras paternas.

La solución adoptada fue que Antoñín fuera a vivir mayoritariamente a casa de su padre. La información que di a Juan al respecto le sirvió para asumir mejor su aparente destitución y resistir los ataques y la ingratitud del joven. Así pudo mantener una actitud de firmeza condescendiente, sin rechazar a su «hijo», a la espera de días mejores, en los que Antoñín, ya adulto, supiera expresar nuevamente su afecto a aquel que le sirvió de modelo y de referencia durante una gran parte de la infancia.

Una nueva pareja a prueba

Volver a vivir en pareja, después de una separación, normalmente entraña más dificultades para las mujeres que para los hombres, puesto que son ellas las que tienen la custodia principal de los niños. Deben aprender a preservar el equilibrio entre el papel de madre y el de esposa. Cuando conocen a un hombre, tenga o no hijos de un primer matrimonio a su cargo, este debe aceptar el lote formado por su nueva mujer y sus hijos. Si este hombre se esfuerza en ocuparse con ella del confort de los niños, el vínculo conyugal será menos tenso. Pero es más fácil aceptar compartir a la compañera sentimental con los niños cuando se trata de los propios hijos, sobre todo si los hijos del otro se muestran hostiles constantemente. Por tanto, es fundamental para la nueva pareja organizarse el tiempo con el fin de poder estar a solas y preservar así la intimidad conyugal. Por esta razón la custodia compartida, que da más tiempo libre a la madre, le permite estar en mejor disposición para una nueva vida de pareja.

☐ Las huellas del que se ha marchado

Es frecuente que sea el padre el que deja el hogar en el que, por lo menos al principio, se quedan la madre y los niños. Es bueno que estos últimos, además de por la separación, no pasen por el estrés suplementario de una mudanza. Sin embargo, esta situación dificulta la integración de un nuevo compañero sentimental de la madre porque, desde la perspectiva de los niños, llega para ocupar físicamente el nido del padre. Y no solamente en la cama de la madre. Los objetos son recordatorios. El padre está vivamente evocado por todos los objetos que cuentan su historia. Aquellos estantes que tanto le costó montar con los niños, su sillón favorito, el espejo de aumento colgado en la pared del cuarto de baño, testimonio de los afeitados, son pequeños tragos amargos para los niños que ven cómo otro hombre deja sus huellas en estos objetos de culto. Por eso aconsejo a la madre que, si no tiene la intención de mudarse, proceda a una renovación antes de que se instale su cómplice para quitar el polvo del pasado (empezando por el lecho conyugal). Pero no hay que olvidar fotografiar estos objetos que recuerdan a papá antes de deshacerse de ellos. O bien, si es posible, se pueden guardar en el trastero.

◻ **Marcar el territorio personal**

Si ha transcurrido un periodo largo entre la presencia de estos dos hombres, los niños, sin duda, habrán ampliado su territorio personal, y ahora tendrán que reducirlo para dejar espacio al recién llegado. Esto es válido tanto para el espacio como para el tiempo, para el cuarto de baño, el salón (haciendo especial hincapié en el televisor) y todas las habitaciones comunes. El nuevo compañero sentimental de la madre debe crear su espacio, y puede sufrir las consecuencias del uso que los niños hagan de sus cosas personales. Puede encontrar CD rayados y papeles manchados con yogur o descubrir que han utilizado su ordenador. No aconsejo que la madre lo desacredite si se enfada, acusándole de ser demasiado maniático. El hecho de sentirse extraño en un lugar refuerza el apego a los efectos personales, y la delimitación de los territorios es fundamental para la supervivencia de una familia ampliada. Sin embargo, la conducta de los niños no debe interpretarse como fruto de la agresividad o falta de respeto. También es un signo de interés por el recién llegado. Dejar rastros en sus cosas o utilizar sus objetos es, inconscientemente, el testimonio claro de una inspección de su persona. El niño que utiliza los objetos del compañero sentimental de su madre camina siguiendo sus pasos e integra su presencia.

◻ **Las primicias de un vínculo afectivo**

Para el niño, que psicológicamente ya está debilitado por los conflictos y la separación de sus padres, el inicio de la vida en común con la nueva pareja sentimental de la madre o del padre muchas veces es difícil de aceptar. No porque nosotros veamos cualidades en un hombre o una mujer, nuestros hijos también deben hacerlo. Y, al revés, amar a un hombre o una mujer, incluso después de varios meses, en el caso de historias que se han mantenido en secreto, no implica que sea fácil amar también a su hijo o su hija. La presencia de niños interfiere en la intimidad conyugal de la nueva pareja. Los primeros conflictos en las parejas recompuestas surgen siempre, según mi experiencia clínica, a raíz de los niños. Es importante, en tanto que adultos, diferenciar entre los diferentes sentimientos, para no hacer pagar a la pareja la actitud de los niños, y viceversa. El amor que se da a la pareja nunca es amor que se quita al niño. Cuando los niños nos descubren amando de una manera diferente de como lo hace una madre o un padre aprenden mucho sobre las diferentes formas de amar. Y, sobre todo, el amor que recibimos de nuestra pareja es combustible para nuestro amor de madres o padres. El amor conyugal nos permite «irradiar». El nuevo compañero o compañera sentimental, especialmente si no son padres y tienen un espíritu algo infantil, quizá rivalicen con los niños. «¡Estás siempre con ellos!», «¡Les toleras todo!», «¡No tenemos vida de pareja!» son extractos de las reflexiones amargas de los cónyuges que se sienten descuidados.

Gervasio, médico de 40 años, después de su separación, se juntó con Elena, una joven de 28 años. Acuden a mi consulta buscando consejo en relación con Isabel, la hija de Gervasio, de 5 años de edad. A Elena le irrita la actitud de Gervasio con su hija. Isabel está en la edad en la que es muy cariñosa con su padre. Gervasio, que sólo ve a su hija un fin de semana de cada dos, le dedica todo su tiempo: parques de atracciones, compras, áreas recreativas, museos infantiles, zoológico, restaurantes, nada es suficiente para ella. Durante la entrevista, se ve claramente que Elena quiere a Isabel, y, además, que es correspondida por la pequeña. No es una simple cuestión de celos, como piensa Gervasio, que amenaza con separarse si Elena persiste en sus reproches. «¡Estás demasiado encima de ella!», le repite incesantemente. De hecho, si la relación entre Gervasio e Isabel es dolorosa para Elena, es porque a ella le habría encantado tener una relación semejante con su padre. Isabel tuvo una madre muy autoritaria y áspera, mientras que su padre brillaba por su ausencia, nunca tomaba la palabra, dejaba que su madre decidiera todo en casa y no se ocupaba nunca directamente de los niños. La relación de Isabel con Gervasio ha despertado los dolores de la infancia de Isabel. De todos modos, las entrevistas también evidencian errores educativos por parte de Gervasio, que llega incluso a meterse en la bañera con su hija. Estos errores, corregidos rápidamente por indicación mía, participaban en las llamadas edípicas tanto de Isabel como, en forma de reviviscencias, de Elena.

Unirse a una nueva pareja no debe hacer renunciar a seguir ejerciendo el «oficio» de padre y de madre. No debemos dar crédito a lo que se dice popularmente: «Cuando llega la madrastra, el padre se convierte en padrastro». El niño, sobre todo si el periodo de crisis entre sus padres no ha terminado, necesita presencia, cariño y comprensión. Implicarse en una nueva relación de pareja es bueno para uno mismo, y lo que es bueno para uno mismo lo es también para el niño. Pero este, que deberá entender que no podrá sustituir a un padre por otro, no debe sentirse abandonado por ello. La separación atiza este sentimiento, independientemente de la edad que tenga el niño. Dedicarle tiempo para intercambios informales, un tiempo que no esté ocupado por cuestiones escolares ni por obligaciones de ningún tipo, es vital para el equilibrio, para nuestro equilibrio y para el de nuestro hijo.

5
Consejos para los padrastros

Compartir el amor

Aceptar compartir el amor de la persona a la que se quiere con los hijos de esta no es tarea fácil para los padrastros. A veces, supone ya un problema tener que compartir la pareja sentimental con los propios hijos, sobre todo en el caso de los padres jóvenes. La exclusividad es abanderada del amor. Ahora bien, el amor filial y el paternal tienen igual o mayor importancia que el lazo conyugal. Y los padrastros sufren todavía más debido a esta posible rivalidad, ya que los sentimientos amorosos adultos se alimentan, en gran parte, de los primeros lazos amorosos con los propios padres. En efecto, a un compañero sentimental se le quiere en parte también como a un padre, una madre, un hermano, un primo o un amigo. Una mujer puede querer momentáneamente a su pareja como a un padre y una niña querer en un momento dado a su padre como a un pequeño marido. Todos los amores poseen una base común y la rivalidad echa raíces en este terreno común. Otro reto para los padrastros es conseguir no ver al ex «encima» del hijo de su pareja, en cuyo caso se vería desdoblado este sentimiento de rivalidad.

La conducta que se debe seguir consistiría en que la nueva pareja tuviese momentos para estar a solas y, a su vez, que los padrastros aceptaran que su compañero pueda disfrutar de un tiempo a solas con sus hijos. Debe preservarse la vida en pareja, pero sin que los miembros de esta lleguen a pasar juntos todo el tiempo. No dudaremos a la hora de comunicar al otro nuestro malestar o celos y aceptaremos enfrentarnos a la ambivalencia de los sentimientos hacia los hijos a fin de no dejarnos dominar por ellos. Tendremos que hacernos a la idea de que el amor filial y paternal de nuestra pareja favorece la felicidad y, por lo tanto, la plenitud del nuevo amor. Contribuiremos a la mejora de la relación entre nuestro compañero sentimental y su ex para que los hijos, aprovechando este ambiente más sano, tengan menos tendencia a querer establecer una estrecha relación con el compañero del otro progenitor. Aquí aprovecharemos para analizar nuestra propia mecánica amorosa examinado la historia afectiva de cada uno y, especialmente, los vínculos afectivos con nuestros propios padres.

Compartir el espacio

Al llegar al seno de una nueva familia, especialmente al irse a vivir al lugar que era y continúa siendo el domicilio familiar del compañero sentimental, no resulta fácil encontrarse a gusto en este nuevo hogar, sobre todo cuando el compañero es el padre custodio y uno no tiene hijos propios a su cargo. En la práctica, la situación resulta a menudo más difícil para los padrastros que para las madrastras. El vínculo madre-hijo está especialmente marcado por el sello de la complicidad y, a menudo, aparece reforzado por un periodo durante el cual la madre ha estado viviendo sola con su hijo. Si la nueva pareja decide instalarse en una nueva vivienda, es importante que el padrastro participe en la decoración del lugar. Con mucha frecuencia, son las mujeres quienes deciden, prácticamente ellas solas, la organización espacial. Estas cuestiones de espacio son, precisamente, los principales motivos o pretextos de las disputas que se originan en el seno de una familia recompuesta. El riesgo puede radicar en el hecho de que la madre defina el nuevo espacio considerando, ya sea por costumbre, ya sea por instinto maternal, el bienestar de los hijos y descuidando, en parte, el de su nuevo compañero sentimental.

Sea como sea la vivienda, nueva o ya ocupada por la familia, es importante delimitar bien los espacios privados, suficientemente amplios, así como los espacios comunes. El cuarto de baño, por ejemplo, se distribuirá asignando un espacio a cada persona, con utensilios fáciles de distinguir (por ejemplo, toallas de baño o cepillos de dientes de diferentes colores). Su utilización estará sujeta a horarios predefinidos.

Los padrastros se preocuparán de respetar los objetos personales de los hijos de su pareja, a quienes pedirán que respeten también los suyos. No obstante, no mostrarán ningún gesto agresivo en el caso de que los niños cojan su cinturón, su perfume o algún CD suyo. Se trata de una forma inconsciente de los niños de relacionarse con el recién llegado, como cuando los pequeños cogen las pertenencias de los padres y tocan todas sus cosas. Es un mecanismo de identificación con el otro, sustituido por los objetos personales de la persona en cuestión.

El afecto embellece el parentesco

Si el futuro padrastro se va a vivir al domicilio de su compañera sentimental y de los hijos de esta, le aconsejo (al igual que a la madrastra que desea ganarse a los hijos de su pareja) ocuparse primero del marco de vida y del bienestar material: arreglar el juguete roto, zurcir un peluche, forrar los libros, hacer la comida, ayudar a ordenar la habitación de los niños, instalar programas en el ordenador... No será hasta más adelante, transcurridos seis meses o un año de vida en común, cuando el padrastro o la madrastra, después de haber causado ya una buena impresión mediante sus acciones, podrán posicionarse con respecto al niño recomendándole, desaconsejándole y prohibiéndole. Para ello, tal y como he señalado anteriormente, deberán ser autorizados por la delegación de autoridad del progenitor. Es necesario dejar tiempo a los niños para que se acostumbren al compañero de la madre o la compañera del padre y vayan tejiendo vínculos afectivos. Es el afecto lo que genera el «nuevo parentesco».

Cuando parece que los niños abusan de la ausencia de su padre (ausencia física o en la educación) para sacar a su madre de sus casillas, a veces el padrastro se siente tentado de intervenir con inmediatez y firmeza para poner orden y ejercer «la ley del padre». Esta estrategia da resultados mediocres. Se corre el riesgo de que los niños se vuelvan en contra del padrastro y, como consecuencia, idealicen a su verdadero padre, en quien confiarán y quien, inconscientemente o no, correrá el riesgo de poner a los niños en contra del padrastro. La madre, posiblemente encantada con esta primera etapa en la que ve a su amigo ayudarla comprometiéndose en la educación de sus hijos, corre el riesgo, asimismo, de volverse a encontrar ante un conflicto de lealtad entre aquel y sus hijos. En una primera etapa lo más inteligente es dejar que las cosas fluyan. La paciencia es una inversión para la paz futura de las parejas. Se trata de que la madre y los hijos se den cuenta de la importancia de los daños y, a su vez, de que el padrastro no dé la impresión de querer reemplazar al padre. Si el estado de las relaciones lo permite, la madre podrá pedir al padre que intervenga verbalmente. Este, en una situación ideal, pedirá a sus hijos que, en su ausencia, respeten a su madre y les dirá que el divorcio de los padres no les autoriza a dejar de obedecerla. A los ojos de los niños, el estatus de padre o madre se basa tanto en el reconocimiento como en la homologación por parte de su otro progenitor. Si esto no es suficiente y, más adelante, el padrastro tiene que intervenir, deberá esperar a que su compañera sentimental se lo pida para que quede claro su poder de delegación. Puede que esto le cueste un reajuste de su visión de las cosas, al verse clasificado jerárquicamente como segundo, pero de esta manera tiene todas las de ganar. Obviamente, si los niños le faltan al respeto directamente, puede replicarles de manera individual, sin responder totalmente a sus propósitos y con la autoridad de una persona adulta. Sin embargo, debe aceptar también que sea su pareja quien le defienda y pida a sus hijos el respeto hacia su compañero sentimental o su marido. De esta forma, los niños aprenderán también por esta vía que deben respetar a la pareja de su madre.

Con el tiempo, y cada vez más, se irán tejiendo los hilos de afecto recíproco entre el padrastro y los niños, lo que le conferirá una autoridad de corazón. Algunos padrastros no sienten vocación alguna por ocuparse de los hijos de otro hombre. Pueden, incluso, verse envueltos en conflictos de lealtad hacia sus propios hijos, a los que a veces sólo ven cada dos fines de semana, ya que el resto del tiempo lo pasan con los hijos de su pareja. Esto no supone necesariamente un problema para los niños, sobre todo si sus dos padres desempeñan bien su función paternal y cada uno respeta el territorio del otro. Como a los niños se les dice que no están obligados a querer a su padrastro, si no a respetarlo, pueden entender que la reciprocidad es real. Algunos niños se sienten satisfechos de ello, otros se acomodan y aquellos a los que les da pena intentarán en algunos casos ganarse el cariño de su padrastro.

Si es importante que la madre continúe siendo mujer con su nuevo compañero, también lo es que continúe siendo madre con sus hijos, que no los descuide para favorecer el bienestar único de su nuevo compañero y, por supuesto, que no deje que este imponga su tiranía sobre los niños. En este caso, si los niños sufren, lo mejor es volver a definir la forma de custodia.

Los fantasmas del pasado

A menudo el pasado afectivo de la nueva pareja sentimental resulta difícil de entender para el nuevo compañero, todavía más teniendo en cuenta que, aunque es posible hacer como si se hubiese olvidado el pasado en ausencia del progenitor, es mucho menos sencillo (y, por otra parte, no recomendable) hacer tabla rasa del pasado en presencia de los niños. Este objetivo quedaría rápidamente fuera de lugar, ya que los niños recuerdan constantemente el pasado con sus palabras, así como con el cuerpo, bien sea por la semejanza o simplemente por su presencia. Si alguno de los padres, como a veces observo, intenta negar al niño toda su vida afectiva pasada, corre el riesgo de que, un día u otro, esta vida afectiva se vuelva brutalmente en su contra como un bumerán, lo que quedará reflejado en el comportamiento de los hijos. Los hombres se callan más que las mujeres. Los proverbios dicen que la palabra es femenina. Sin embargo, el silencio no es olvido y hablar ayuda a descargarse de un pasado vejatorio. Negar el pasado es una forma inconsciente de tratar de evitar que las cosas (es decir, el fracaso) no se repitan. Como si las dos historias fuesen similares. Ahora bien, para el nuevo compañero, el hecho de saber que su pareja ha amado a otra persona y que este amor le ha dejado huellas, supone aceptar amar a esta mujer portadora de estas huellas que deben considerarse como un tipo de etiqueta que garantiza que esta mujer no es la misma que fue amada por su anterior pareja.

El padrastro o la madrastra deben aceptar que su pareja mantenga relación con el padre o la madre de los niños, porque es indispensable para ellos. Asimismo, deben aceptar que los cambios se realicen en su ausencia, lo que, por otra parte, resulta psicológicamente más agradable para el padrastro. El teléfono móvil permite a los padres ponerse en contacto sin necesidad de que las llamadas se efectúen en el espacio privado de la vivienda. No hay inconveniente en que los padres que se entienden lo suficientemente bien se reciban en casa, especialmente cuando se produce el cambio de turno de los niños. En todo caso, esto resulta muy positivo para el equilibrio de los hijos.

☐ Evitar las comparaciones

El padre o la madre, por consideración hacia su nueva pareja, velarán por que los espacios designados para la intimidad del padrastro y de la nueva pareja, en particular el dormitorio, estén preservados de las visitas. El padre o madre separados evitarán obviamente comparar, en sentido positivo o negativo, a su pareja anterior con la actual. Y a la inversa, el padrastro no preguntará a su pareja sobre sus diferencias (evitando, por ejemplo, preguntas del tipo «¿Quién te gusta más cómo cocina?»). Esta necesidad de comparación puede traducirse en una falta de confianza en uno mismo o puede revelar una forma inconsciente de disfrutar de un matrimonio de tres personas. Esto último a veces se alimenta del fantasma de haberse adueñado de la pareja de otra persona, fantasma que tiene su raíz en la primera infancia, cuando se despierta un sentimiento de rivalidad hacia la pareja sentimental de alguno de los progenitores. Cuanto más se comparen los cónyuges, más tendencia tendrán los niños a comparar a su padre o madre con su padrastro o madrastra. Esta comparación será el germen de las dificultades relacionales entre los niños y los padrastros. Cuando se construye un nuevo amor es como si se construyese un nuevo edificio. A lo largo de la historia, con frecuencia se han empleado las piedras de edificios antiguos destruidos, en mayor o menor medida, por la guerra y el tiempo. Esto no hacía que el edificio nuevo fuese menos bello ni menos sólido que el antiguo y, sobre todo, no impedía que fuese diferente del anterior. Sin duda alguna, es la mejor forma de actuar en el amor y, en todo caso, la más económica desde el punto de vista psicológico, dado que permite absorber positivamente el pasado y liberarse de las ruinas peligrosas. Sin embargo, por este motivo, no hay que renegar de los sentimientos y placeres pasados.

Demasiado padrastro

¿Recuerdan la historia de Bossu, alias Lagardère, y de su famosa réplica: «¡Si no vas a Lagardère, Lagardère irá a ti!», llevada al cine por Jean Marais y retomada recientemente en una nueva versión de Daniel Auteuil? En esta película, basada en la novela epónima, Lagardère se hace cargo de Aurore, hija de su amigo asesinado, cuando esta es tan sólo un bebé. Veinte años más tarde se convierte en su amante. Recuerdo que de niño me sorprendió mucho esta unión. Me llamaba la atención la diferencia de edad (Jean Marais tenía la misma edad del papel, así que ya no era tan joven). De hecho, debía de ser el carácter incestuoso de la unión entre un padrastro y su hijastra lo que hería mi moralidad de niño.

☐ La historia de Kate

Las relaciones entre niños y padrastros padecen a veces la falta de límites. Kate, de 13 años, vino a mi consulta por indicación de su médico de cabecera debido a dolencias físicas sin anomalías conocidas. Podía afirmarse el carácter psicogénico de los dolores. Todo esto había empezado con unos dolores dorsales, ante los que su padrastro había respondido, en una primera fase, haciéndole masajes con una crema de la India. Después, los dolores se desplazaron hacia el vientre y luego hacia la parte inferior del vientre, lo que motivó la realización de exámenes médicos. Kate se quejaba de que tenía pequeños conflictos con su madre y consideraba que su padrastro intervenía de modo excesivo en su forma de vestir y en sus relaciones. No obstante, aparte de sus quejas físicas y de ansiedad, apenas comentaba sus problemas. Su padrastro seguía de cerca su educación. Se negaba a responder al teléfono desde que un chico empezó a llamar pidiendo hablar con ella y consideraba que la ropa que llevaba era siempre «demasiado» o «insuficiente» y susceptible de provocar a los hombres. Este comportamiento en apariencia educativo se desarrollaba de forma paralela a una preocupación extrema por su salud e higiene. El padrastro le preguntaba cada día si se había lavado bien por todo el cuerpo. Le compraba jabón, champú de calidad, perfume y hasta jabón especial para la higiene íntima. En casa no había lugar para el pudor. Los cuartos de baño y los retretes no tenían cerrojo; él los había quitado porque tenía un mal recuerdo de cuando era niño, cuando se había quedado encerrado dentro. No había habido nunca un gesto deshonesto, pero en general parecía reinar un ambiente turbio. La madre sentía un discreto malestar, pero conseguía aliviarse racionalmente, considerando que, en definitiva, su compañero sentimental era un «verdadero padre» para su hija. De hecho, pensaba que, en realidad, era también una «verdadera madre». En efecto, ella había sufrido de niña a causa de las carencias maternales. Su madre estaba completamente dedicada a sí misma, a su belleza, a su bienestar, a sus placeres y sus salidas, pero había respondido poco a las necesidades elementales de su hija. A ella le hubiese gustado tener una madre que se ocupase de ella tan bien como su marido se ocupaba de Kate. Por otro lado, tampoco se había encontrado nunca muy a gusto desempeñando su función maternal, pero al trabajar, había podido contar con la ayuda de buenas niñeras hasta que Kate fuese lo suficientemente mayor para cuidar de ella misma. Cuando su hija entró en la preadolescencia, las relaciones se volvieron un poco tensas. Afortunadamente, pensaba ella, el padrastro había cogido el relevo. El padre de Kate se había ido a vivir muy lejos después del divorcio, por lo que sólo podía ver a su hija durante las vacaciones (y eso si no anulaba la estancia a causa de trabajo en el extranjero).

Personalmente veo la excesiva proximidad del padrastro y Kate como la probable causa de sus dolores psicosomáticos, dolores que son la expresión de una ansiedad suscitada por ese cuerpo recién formado e investido de una potestad mal controlada, así como por una llamada a la maternidad. Su padrastro ha pasado a ser para Kate el equivalente de un padre. Él se siente inconscientemente fascinado por la nueva feminidad de su hijastra. El ambiente incestuoso que se ha creado hace que persistan los dolores de Kate dentro de un equilibrio entre complejo de Edipo y culpa.

Los consejos de distanciamiento físico, junto con un trabajo psicoterapéutico encaminado a producir un distanciamiento psicoafectivo, han permitido que desaparezcan rápidamente los síntomas que padecía Kate, han contribuido a establecer una mejor relación con su madre y han ayudado a la joven a alcanzar la madurez más serenamente.

☐ Instalar barreras de seguridad

Los padrastros y las madrastras, así como los progenitores, deben renunciar a un control excesivo sobre el cuerpo del niño que ha alcanzado la pubertad. Si no, la emancipación del niño queda detenida, pues el deseo incestuoso frena su evolución psíquica y crea una ansiedad que queda localizada en el cuerpo. Debe instaurarse una barrera de seguridad entre los niños y los padrastros, sobre todo al llegar la etapa de la pubertad. El medio más sencillo consiste en restaurar el principio de pudor intrafamiliar. Es útil con los padres biológicos e indispensable con los padrastros, ya que la barrera es más frágil. Por otra parte, debe incidirse en la prohibición de casarse con los padrastros ya desde la primera infancia.

Hice el seguimiento de un joven de 15 años, Yohan, cuya custodia estaba repartida entre sus dos padres separados. No dejaba de criticar a la joven compañera sentimental de su padre, con quien este convivía desde hacía dos años. La intensidad de estas críticas llevó al padre a pensar que debía replantearse la forma de custodia del niño, lo que entristeció a Yohan, que no quería pasar la mayor parte del tiempo a solas con su madre. A raíz de un sueño erótico en el que hacía el amor con la compañera de su padre, entendió la ambivalencia de su actitud defensiva. Fue la primera etapa de su elaboración mental la que le ayudó a abandonar su actitud pasional hacia ella; a ello contribuyó el inicio de su primera historia de amor con una chica de su clase.

Tanto los padres como sus respectivos compañeros sentimentales deben ser conscientes de la confusión que puede originarse en los adolescentes, así como de la que estos mismos adolescentes pueden generar en ellos. No deben sentirse culpables de los sobresaltos que experimenten, pero deben establecer unos límites con el propósito de controlar la excitación ante los deseos.

La presión de los ex

Aparte de la presión ejercida por los niños, el padrastro (o madrastra) se somete también a la presión del ex. Haya sido o no el origen de la ruptura, no es fácil aceptar que el ex vive con otra persona. Un amor largo raramente muere de una muerte súbita. Esta nueva unión va a consumar realmente la ruptura. Para quien ha sido dejado o dejada, existen esperanzas de que todo vuelva a ser como antes de fracasar. La tristeza, el resentimiento, la acritud, los celos; todas estas emociones que han acompañado a la separación se despliegan. Para quien ha tomado la iniciativa de la separación tampoco es fácil mostrarse indiferente ante esta nueva alianza del ex. Raras son las separaciones en las que el amor se ha digerido totalmente. El anuncio de una nueva convivencia o de un segundo matrimonio es un golpe fuerte que desencadena «devoluciones de amor», que predigeridas por la acidez de los conflictos, poseen la acritud del resentimiento.

□ La historia de Esteban

Esteban dejó a María porque ella ya no le daba amor de ningún tipo. Al comienzo de su historia, María no podía ocultar su amor por él. Había dejado a su primer marido por Esteban y su amor había alcanzado el clímax desde el principio. Sin embargo, el amor que sentía María comenzó a decrecer, y todavía le costaba más ocultar este sentimiento. A pesar de todo, ella no quería separarse, pues de su pasión había nacido una niña, Leonor. Cuando Esteban, después de haber roto con María, se fue a vivir con su nueva compañera sentimental, Aurora, pasaba con su hija una tercera parte del tiempo. La separación se había llevado a cabo con tristeza, pero sin animadversión. Tiempo después, el corazón de

María comenzó a latir de nuevo por Lorenzo. Cuando María y Lorenzo decidieron irse a vivir juntos, Esteban sintió como si su herida de amor, en vías de cicatrización, volviese a abrirse. Su relación con su ex se hizo tormentosa. Empleaba el pretexto de que se preocupaba por su nueva forma de educar a Leonor para reprochar a María que pasaba demasiado tiempo con Lorenzo en detrimento de su hija. La tensión llegó a tal punto que Leonor comenzó a tener pesadillas y a padecer dolores de barriga. Ninguno de los reproches de Esteban estaba fundamentado. Lo que le costaba aceptar era que María amase a otra persona. Aunque podía sentir dolor por la muerte de un amor, lo que no soportaba era que fuese otro el que se aprovechase del amor resucitado. Más calmado, comenzó a odiar a ese Lorenzo sin tan siquiera conocerlo. Las conversaciones que mantuve con María y Esteban por separado (no querían venir juntos a la consulta) sobre Leonor, que presentaba síntomas de ansiedad, permitieron liberar los sentimientos sofocados. Estos pusieron en evidencia un momento turbulento para Esteban: su madre había abandonado la residencia conyugal por un hombre durante un periodo de seis meses cuando él tenía 5 años de edad. No obstante, tras la pasión consumada, regresó al domicilio familiar, donde su marido y sus hijos continuaban esperándola. Jamás se repitió la historia, pero tampoco se volvió a hablar más de esa aventura. Esteban sólo conservaba dos recuerdos de esa oscura historia: las lágrimas de su padre y el nombre del amante de su madre: ¡Lorenzo!

Las reacciones emocionales de unos y otros en las situaciones de separación pueden estar fácilmente relacionadas con historias afectivas singulares de la etapa de la infancia o la adolescencia. Cuando sufrimos por no poder salir de una separación, suele ser bueno examinar, mediante un psicoanálisis que puede ser breve, los vínculos del pasado que nos arrastran y los recursos olvidados que nos hacen falta.

☐ **Los conflictos de lealtad**

A menudo los niños son el motivo de los reproches que se hacen a la nueva pareja sentimental. Estos reproches pueden estar justificados o bien pueden ser simplemente un pretexto, como ocurría en la historia de Esteban y María. El progenitor que no disfruta de la custodia tiene la sensación de ser reemplazado por el padrastro o la madrastra. Este sentimiento está mucho menos presente en las situaciones de custodia compartida. El progenitor experimenta igualmente un sentimiento de culpabilidad por no pasar el suficiente tiempo junto a su hijo o por haber sido el origen del divorcio. Es necesario conseguir mantener las distancias en la separación y estar lo suficientemente seguro de uno mismo como padre o como madre para no vivir la relación entre los hijos y la pareja sentimental como una amenaza. Es raro encontrar en la vida real la imagen angelical de la familia recompuesta donde los padres y los padrastros comentan juntos la actitud que debería adoptarse con los hijos. No obstante, esto supondría un gran alivio para estos últimos. Evidentemente, los niños son sensibles a estos sentimientos y rechazan todo el afecto, e incluso a veces el respeto, hacia la pareja sentimental de sus padres por lealtad hacia su padre o su madre naturales. Esto actúa, por supuesto, en detrimento de su equilibrio, al encontrarse bajo presión en su vida cotidiana.

Algunas reglas difíciles de llevar a la práctica resultan, no obstante, esenciales. Si no se respetan, los niños no podrán sentirse nunca bien. Los padrastros deben respetar la imagen del progenitor que no tiene la custodia. Piensen lo que piensen, no deben dar nunca una opinión negativa sobre su personalidad o su actitud como marido o padre. No necesariamente tienen que hablar bien, simplemente pueden no decir nada o no intervenir si su pareja sentimental critica a su ex. Y a la inversa, los padres no deben criticar a priori a la pareja de su ex delante de los niños, así como estos tampoco deben criticar a su padre o su madre. Si los niños se quejan de la pareja de uno de sus padres, es necesario tomar nota y hablar de ello con el otro progenitor, sin emplear, de entrada, un tono de reproche. Por supuesto, en el caso de que existan sospechas de malos tratos y no siendo posible el diálogo entre los padres, los servicios sociales o la policía podrán intervenir y solicitar que se abra una investigación. Los padres no se toman siempre al pie de la letra las críticas que hacen los niños contra los padrastros. La figura del padrastro o la madrastra es para los niños un chivo expiatorio fácil gracias al cual pueden expresar su ansiedad, frustración y cólera en relación con el malestar de la situación de separación y todas las consecuencias negativas que entraña para ellos. Criticar al padrastro o la madrastra es una forma indirecta de expresar reproches o quejas contra los padres naturales. Sirve también para complacer al otro progenitor, lo que podría traducirse por: «¿Lo ves? No lo quiero más que a ti, puedes estar tranquilo». El niño a veces criticará todavía más a su padrastro o madrastra por sentirse culpable del cariño que le tiene con respecto a su padre o madre natural. Se necesita mucha fuerza moral y mucho afecto hacia el niño para ser capaz de transmitirle que tiene derecho a querer también a su padrastro o su madrastra.

◻ **Cuando los padres se llevan demasiado bien**

No todas las parejas se separan en un ambiente hostil. Hay parejas a las que ya no les apetece vivir juntos o que no sienten ya suficiente deseo sexual el uno por el otro, pero conservan una complicidad, una ternura, una amistad que los mantiene siempre unidos. Aunque estén separados y viviendo con otras parejas, continúan viéndose, quedan uno en casa del otro y no dudan en intercambiarse palabras de cariño. Quienes pueden sentirse molestos dentro de estos parámetros son los nuevos compañeros sentimentales. No suele gustarles que se mantenga este vínculo afectivo, pues no les permite ocupar verdaderamente su sitio, ni junto a su pareja ni aún menos junto a los hijos de esta.

Generalmente, los niños suelen estar contentos de que la separación no haya «roto» del todo con la relación, verbo que utilizan a menudo en estas situaciones. Sin embargo, la nueva coyuntura les parece confusa. ¿Mis padres están juntos todavía? Pero, sobre todo, ¿por qué se separaron si al final mantienen una relación tan cercana? Esto da pie a que alimenten la esperanza de que vuelvan a vivir juntos. Indiscutiblemente, detrás de estas actitudes, hay una cierta inseguridad afectiva y la dificultad de romper con el pasado. En este sentido, dicha dificultad no es un buen ejemplo educativo, ya que en la vida siempre se abandonan cosas o personas. En cambio, lo que no resulta tan perturbador para los niños es la lectura de artículos sobre este tema.

Obviamente, el niño puede hacerse preguntas, como Román, de 8 años: «Pero, mamá, ¿tú prefieres a papá o a tu nuevo novio?». Se le hubiese podido responder que la vida amorosa de su madre no le concierne y que a él, más adelante, su compañero lo querrá a su manera. Sin embargo, la madre de Román prefiere enseñarle que el amor es un arco iris y que ella quiere a esos dos hombres, pero con colores diferentes. A lo cual Román le pregunta: «Y a mí, ¿de qué color me quieres?». No es la falta de claridad en la relación entre sus padres lo que hace sufrir a un niño, sino las humillaciones y la discordia. El hecho de que los padres continúen viéndose, comunicándose, como una pareja de padres y ya no de amantes, es fundamental para el niño y anula la mayor parte de los efectos negativos de una separación. El hecho de que queden restos de amor de su relación de pareja enseña a los niños que, en el terreno de los sentimientos, el maniqueísmo no tiene cabida. No hay que tener miedo de mostrar a los niños los matices ni hay que hacerles creer que el amor y la amistad se excluyen el uno al otro. Los niños prefieren que esa vía en la que se desarrolló el amor que unía a sus padres dé lugar a un camino de tierra firme en vez de que termine al borde de un precipicio.

No obstante, los padres deben velar por que los niños, alterados por su satisfacción de ver que sigue vivo el vínculo entre su padre y su madre, no consideren al padrastro todavía más como a un rival que se ha de eliminar. En la práctica, sin embargo, cuando persisten los conflictos entre los padres se favorece la animosidad hacia el padrastro. Por otra parte, si el padrastro o la madrastra se ponen celosos porque se presta demasiada atención al ex, esto perjudicará la armonía relacional de la familia recompuesta.

6
La coparentalidad se aprende

La coparentalidad consiste en hacer sobrevivir a la pareja de padres en la cabeza y el corazón del niño cuando la pareja de marido y mujer se ha disuelto. La relación parental no debe quedar destruida por la separación conyugal. Se debe remodelar, igual que el niño construye una nueva casa con las piezas del Lego utilizadas en una casa anterior destruida. La coparentalidad es lo que permite que el niño no tenga conflictos de identidad cuando sus padres se separan. Le permite conservar una imagen de sí mismo no alterada. Las dos mitades de la medalla de su identidad siguen estando en correspondencia. Implica una cooperación en el reparto de las responsabilidades parentales y una comunicación en lo que se refiere a las decisiones relativas al niño. El respeto de los acuerdos es su corolario.

Frente a la justicia

La coparentalidad de padres separados tiene que empezar cuando los procesos judiciales están en curso. La justicia tiene fama de lenta y, mientras no se ha emitido el fallo, las relaciones muchas veces son tensas. Generalmente, se esgrimen cuestiones materiales para justificar los desacuerdos y las disputas. De hecho, el materialismo de unos y otros existe porque es más fácil contar en dinero que medir un fraude afectivo. La reforma de la Ley del Divorcio de 2005 permite agilizar los procesos de divorcio, pero la lentitud de la justicia nos hace plantear la cuestión de los medios que se le destinan.

Este periodo se puede aprovechar para entablar una reflexión en el seno de la pareja que ha decidido separarse de forma impulsiva, decisión que podría ser susceptible de marcha atrás. También puede servir para que el niño se prepare para la nueva situación. Pero, para que ello sea posible, los padres y los niños necesitan un acompañamiento que les ayude en sus gestiones personales y les aconseje sobre las soluciones y las alternativas posibles a sus dificultades personales, de pareja o familiares.

□ El niño y la justicia

El niño no debe mezclarse con las declaraciones de los padres durante las actuaciones judiciales de la separación. Aunque se le puede informar de las citas ante el juez y de las tentativas de conciliación, sólo se le comunicarán las decisiones definitivas que le conciernen directamente. No se le hará intervenir en la defensa, se le ahorrará la acritud de las acusaciones que se puedan hacer los padres, convertidos en dos justiciables, y no tendrá acceso a los mensajes a veces violentos que caracterizan el proceso.

Esto es todavía más necesario en los divorcios por faltas, en donde cada uno está interesado en revelar, o inventar, los fallos del otro. Se dirá al niño que, cuando los padres no consiguen ponerse de acuerdo en el tipo de custodia, las prestaciones, las compensaciones o los aspectos materiales, es el juez quien decide y toma las medidas, tal como le exige la ley, velando por los intereses del niño. Se podrá solicitar su presencia para dar su punto de vista al juez o a un experto. En caso de que esto ocurra, se le deberá advertir de que sus declaraciones no se mantendrán en secreto, a fin de que tenga conciencia de la importancia de todo lo que diga. Con frecuencia he tenido problemas con niños que han sido interrogados por un psicólogo o un psiquiatra para un dictamen pericial, porque, al no haber sido advertidos, creían que todo ocurría igual que conmigo, que se guardaba el secreto, y luego se sorprendieron al enterarse de que lo que habían dicho podía ser leído por las dos partes. Entonces, dejan de tener confianza en los psicólogos y son reticentes a volver a confiar en ellos.

Naturalmente, el niño también puede tener su propio abogado, que desempeña un papel importante de protección psicológica y actúa de mediador con los padres. Si estamos decepcionados por la actuación judicial, podemos decirlo a los niños, pero sin entrar en juicios de valores sobre la función judicial. El niño debe comprender que el juez no declara a un progenitor mejor que otro, sino que, simplemente, a partir de las informaciones que recopila, determina qué es lo que más conviene al niño. También ha de saber que los fallos de los jueces han de ser respetados, pero que se pueden recurrir.

Un trabajo indispensable sobre uno mismo

Acostumbrados a funcionar bajo el mismo techo, sometidos al vínculo conyugal, cada uno por su lado deberá adaptar sus funciones parentales y actualizarlas. A partir de ahora, el niño hace a la familia, porque los vínculos parentales son lo que queda de indisoluble ante la precariedad del vínculo conyugal. Es un desafío para los dos padres, porque esto implica establecer una verdadera dicotomía entre la antigua pareja —que quiere separarse o a la que se abandona— y el padre, o madre de su hijo, con quien se debe trabajar. Para ello se debe diferenciar entre vínculos parentales y vínculos conyugales. Cuando nos dirigimos al otro padre (o madre) o cuando hablamos de él (o ella) delante del niño, ¿estamos ante el padre (o madre) o el ex (o la ex)? Puede constituir una ayuda imaginar que se trata de una relación de trabajo. Hay un proyecto de trabajo común con el ex: el trabajo educativo. A veces habrá que recordar, o recordarle, que sólo se hablará de trabajo y de nada más.

□ Una confianza dañada

Mantener unas buenas relaciones con el padre o la madre de nuestro hijo, cuando hay tantas cosas que reprochar al marido o la mujer que era antes, exige un auténtico trabajo sobre uno mismo, pero también sobre las demás personas que nos rodean, que no siempre buscan apaciguar los conflictos. Ya no reconocemos a la persona a la que habíamos amado. Nos sentimos traicionados. Tenemos un pesado sentimiento de pérdida, de todo lo que habíamos apostado por el otro, de lo que habíamos confiado en él, de nuestras ilusiones también. Le ocurre lo mismo al que se marcha. Nos hace responsables en parte de su propio desamor y nos tiene un gran resentimiento. El resentimiento hacia el otro tiene razón de ser, a buen seguro, para evitar el resentimiento excesivo hacia uno mismo. «Me ha robado un tercio de mi vida, además no se quedará con los niños», oí en boca de una mujer desconsolada.

Sin embargo, después de una crisis amorosa, también se debe pensar en salvar la piel y, para ello, se debe aceptar dejar este gran trozo de «yo» en el otro. Intentar destruir al ex mediante el rencor no permitirá recuperar este «yo». Porque también acabará destruido. Pensemos que los niños serán los herederos y los avaladores de este «yo» perdido.

☐ Saber recordar los buenos momentos

El final de una historia de amor no es un fracaso. Ante los niños siempre se evoca el fracaso de la pareja, al cual se imputan unas causas estandarizadas: «No estábamos hechos el uno para el otro», «Éramos demasiado diferentes» en cuestiones de edad, de nacionalidad, de religión, de educación y, por qué no, de sexo. O, peor aún, afirmamos habernos equivocado o que el otro ha ocultado su juego. En definitiva, se desprestigia todo lo que se ha sido, para soportar mejor que ya no sea. ¡Pero para el niño es insoportable oír que la base de su existencia no era más que mentira, error o decepción! Debemos decirnos a nosotros mismos y decir al niño que el final de una historia de amor, como el final de una vida, es un momento de la historia, pero que no la resume. Por lo general, insistimos demasiado en este momento intentando justificarlo, porque nos sentimos culpables, en detrimento de los otros momentos de la historia. El niño no ve más que el árbol de la discordia que oculta el bosque de la epopeya.

En este punto también debemos esforzarnos en conseguir abordar con el niño los buenos momentos, recordárselos para que no crea que los ha soñado y también para que no los olvide. Si estos recuerdos producen lágrimas de nostalgia, hay que aceptarlas, porque demuestran que somos seres humanos. Si no ven la luz, estas lágrimas se acidifican y fluyen hacia el interior, dañando la sensibilidad y los recuerdos. En efecto, he observado que un divorcio conflictivo, igual que un luto, borra muchos recuerdos (a veces todos) y crea un verdadero agujero negro en la vida de los niños a los que afecta.

□ La historia de María

Mi colega, el doctor Valet Gilles Marie, que practica hipnosis médica, cambió la vida de una mujer adulta que tenía una autoestima deplorable y una vida sentimental totalmente insatisfactoria, puesto que no encontraba un hombre al que pudiera amar. Este emérito facultativo le hizo recuperar, gracias a la hipnosis, sus recuerdos de infancia. Sus padres se habían divorciado cuando ella tenía 8 años. Las condiciones del divorcio fueron espantosas: conflictos, cuentas saldadas, procesos judiciales interminables y ningún apoyo psicológico para la niña. El odio no había abandonado a sus padres hasta la muerte, que les sobrevino, por ironías del destino, el mismo año, cuando la paciente tenía 30 años.

Esta mujer decidió consultar al médico durante el periodo de luto. Gracias a la hipnosis, revivió los años precedentes a la separación y descubrió, estupefacta, la paz y la armonía que había en su persona. Reencontró especialmente los recuerdos de amor y ternura que unían a sus padres antes de separarse. Por medio del trabajo de anamnesia, entendió que el deceso de su abuela había originado una depresión en su madre, una espantosa depresión que no trató y que degeneró en alcoholismo. En este contexto, su padre había mantenido una relación adúltera que desencadenó la separación y una serie de malentendidos que prosiguieron hasta la muerte. Esta mujer tomó conciencia de que ella era el fruto del amor, y no un fruto de la discordia, y, aunque esta historia sólo había durado ocho años en su forma apacible, ella la llevaba en su seno. Esto hizo nacer en ella una verdadera confianza en su valor y en el amor. Tanto fue así que, unos meses más tarde, encontró al que ahora llama el hombre de su vida.

☐ El hijo, fruto de nuestras diferencias

Hay que abstenerse de decir al niño que las diferencias entre sus padres son lo que han provocado su desunión. Es sorprendente constatar que, con mucha frecuencia, lo que había participado en la atracción pasa a la lista de los motivos de la ruptura. El amor se nutre de la diferencia y de la comprensión de esta diferencia. El niño es el cruce de estas diferencias, del mismo modo que es el cruce de las diferencias genéticas. Renegar de esta compatibilidad es renegar de los cimientos mismos de la existencia del niño e inducirle a creer que sólo es posible unirse con el doble de uno mismo. Antes que dar explicaciones falsas de la separación, es mejor no dar ninguna. Es preferible decir al niño: «Este amor, lo hemos llevado los dos, tu padre y yo, cada uno a su manera, unas veces él más que yo, otras veces al revés, en ocasiones hacia un lado, otras hacia el otro lado, y a partir de ahora no queremos seguir llevándolo juntos, ahora te toca a ti, te pertenece».

Para los padres, esta separación debe convertirse, igual que cualquier otra crisis vital, en una ocasión de cambiar, de realizarse de otra manera si así lo desean o, quizá, de seguir avanzando hacia ellos mismos. De su bienestar depende una buena coparentalidad.

Reglas de oro

El divorcio es, después del luto, el segundo factor en importancia en la escala del estrés. Un mecanismo corriente es descargar el estrés agrediendo al otro, y el antiguo cónyuge constituye entonces el blanco idóneo. Evidentemente es aconsejable buscar otros medios de tranquilizarse, a fin de hacer viable la coparentalidad. Aceptar que no siempre se tiene razón en las discusiones sobre temas que afectan al niño es una muestra de que se es razonable. No hay que dejar que el amor propio dirija las conversaciones con el otro progenitor. Muchas veces nos equivocamos en la manera de tener razón, especialmente si hiere a nuestro interlocutor.

☐ **Poner aceite en los engranajes**

Si los criterios educativos son divergentes intentaremos no convertirlos en motivos de conflicto, lo cual reforzaría el distanciamiento. Los ex amantes, para separase mejor, intentan diferenciarse a ultranza, atemorizados por la ambivalencia de sus sentimientos por el otro. Al principio de un divorcio se dicen cosas terribles para despegarse mejor, y esto puede explicarse al niño, que a veces queda impresionado por la violencia del rechazo. Los criterios educativos no deben utilizarse para mantener este distanciamiento de los corazones afligidos. Aunque la tensión electrice el ambiente, habrá que abstenerse, esperando días más propicios, de criticar frontalmente los métodos de la ex pareja. En cambio, se trabajará especialmente el periodo de transición, para asegurar el relevo de un estilo educativo a otro. Para ello, se debe informar al otro progenitor de los puntos que parecen primordiales: las normas en casa (por ejemplo: los deberes antes de cenar, acostarse a las nueve, la televisión únicamente los fines de semana, etc.) y los grandes principios (aplicarse en el colegio, la educación, el pudor, la expresión de la vida emocional...). Entonces, una vez informado de los principios que el otro progenitor pretende aplicar, habrá que adaptarse. Por ejemplo, si el padre no quiere ocuparse de los deberes el fin de semana, por considerar que es el niño quien debe preocuparse de hacerlos solo, y la madre piensa lo contrario, se intentará hacer lo más pesado entre semana. Cuando los deberes no sean un motivo de disputa, quizá sorprenderá ver que el niño los hace de forma autónoma. También se trabajará en común todo lo que se refiere a los cambios de domicilio, para hacerlos lo menos traumáticos posible. Este es un motivo frecuente de controversia mientras el niño no tiene autonomía para desplazarse solo. El niño no entiende estos enredos, sobre todo si se le había dicho que la separación tenía el objetivo de acabar con los conflictos.

☐ **Pensar en el bienestar del niño**

Respetar el régimen de visitas acordado y los horarios para las «transferencias» es un elemento fundamental de la coparentalidad, pero, precisamente porque es un punto clave, a veces se hace mal y está sujeto a presiones. La falta de seriedad en las citas impide muchas veces cumplir los horarios previstos. Es necesario sortear todos estos problemas que empeoran las tensiones internas que el niño ya siente con cada cambio de lugar y que vive internamente como verdaderos cambios de estado de ser. Algunos padres deciden que el cambio se haga a través del colegio o por medio de los abuelos, cuando estos últimos están disponibles y han mantenido una posición suficientemente neutra. Ante un progenitor inconstante, al que no se puede cambiar y que refuerza su comportamiento negativo cuando uno se cuadra, se deberá cultivar la sutileza psicológica y afectiva. Se pueden contemplar soluciones de recambio. En algunos casos se puede negociar con los abuelos para que acepten quedarse con el niño cuando su propio hijo falta. También se puede recurrir a otros miembros del entorno del progenitor incumplidor. No es indispensable que el tiempo que corresponde al padre transcurra en presencia de este. También es el tiempo que corresponde a la madre para estar sin hijos, para dedicarse a ella misma.

Recordemos, por último, que la comunicación entre padres acerca de la agenda del niño es esencial para su bienestar. Los padres separados no tienen las más mínimas ganas de informar a su ex cónyuge de sus actividades y compromisos. Sin embargo, cuando el niño sabe que lo que vive con cada padre es sabido por el otro, se siente más sereno y equilibrado. Es como si tuviera permanentemente a los dos padres en su interior. No es correcto convertir al hijo en un «niño cartero» encargado de garantizar la comunicación entre sus padres, haciéndole pasar por el sufrimiento de ser el mensajero de la discordia.

El niño como cuenta conjunta

Como hemos visto, la coparentalidad se ejerce esencialmente de cara al hijo. Conviene explicarle que debe hacer oídos sordos, siempre que sea posible, cuando escuche que sus padres discuten por algo que le concierne a él. Se le dirá que él es, para cada uno, lo más valioso que posee y que siempre se está nervioso cuando se confía a alguien lo que más te importa. También le diremos que, durante el divorcio, no seremos nosotros mismos durante un año más o menos. Que para nosotros también es un periodo de crisis y que es posible que nuestras palabras vayan más allá de nuestros pensamientos. Y podemos pedirle disculpas por adelantado si algunas palabras le hieren. Invitémosle a recordar, si lo vemos muy desorientado, lo que esperábamos de él antes de la separación. Pero, al mismo tiempo, tampoco debemos permitir que el niño imagine que nuestros encuentros dependen de su comportamiento.

En cierta ocasión visité a Camila, de 9 años, acompañada por sus dos padres, separados desde hacía dos años. Se habían divorciado amistosamente y, aunque ninguno de los dos había rehecho su vida, se llevaban bien y no se arrepentían de su decisión. Sin embargo, la separación, a pesar de haber transcurrido sin conflictos, había provocado en la niña repetidos trastornos. Unas veces presentaba dificultades somáticas sin causa física identificable (dolores abdominales, migrañas); otras veces, problemas de comportamiento en el colegio, variables en su expresión, cuyo único punto en común era su rápida resolución provisional después de convocar a los padres. En efecto, se vio que, después de cada incidencia, los padres se reunían, en el hospital o en el colegio, para hablar con el médico o el profesor, y a veces pasaban juntos algún tiempo para almorzar o cenar. En realidad, con estas dificultades Camila orquestaba inconscientemente estos reencuentros con la esperanza secreta de reunir otra vez a sus padres.

Al niño no le resulta fácil aceptar las modificaciones de valencias afectivas, pero hay que saber que son normales en el marco del reajuste que desencadena la separación. Por ejemplo, una niña que hasta entonces estaba muy apegada a su padre, durante la separación se hará mucho más cómplice de su madre y se le parecerá más. Para entender este tipo de comportamiento, se puede considerar la familia como un sistema y el conjunto de las relaciones afectivas dentro de este sistema, como un conjunto de fuerzas electromagnéticas que garantizan un equilibrio. La ruptura del vínculo conyugal modifica el conjunto y se produce una reorganización de las fuerzas.

☐ Diferenciar el «yo» del «nosotros»

Debemos tratar de sortear un escollo frecuente que dificulta la coparentalidad y perjudica el bienestar del niño, y que es el proceso de continuidad con este. Se trata de la imposibilidad por parte del progenitor herido de diferenciar su dolor del dolor del niño. La frase tipo sería: «Tu padre nos ha abandonado». En las separaciones, hay que evitar sustituir el «yo» por el «nosotros». El «nosotros» debe designar para el niño a él mismo, sus hermanos y sus dos padres, que no le abandonan a pesar de separarse. El yo perdido con el amor terminado hace que uno se agarre a su hijo como a ese amor perdido y le prive de una posibilidad de emancipación. Esto puede llegar hasta un proceso de alienación parental, en donde el discurso del niño no se diferencia del discurso del progenitor que le protege.

Asimismo, hay que procurar no convertir al niño en un pliego de condiciones de los litigios de la antigua pareja, que no acaba nunca de solucionar los conflictos: «¡Podrías comprarle una cartera nueva, con todo el dinero que te doy!», «¡Podrías pagar las consultas al psicólogo, es por tu culpa que tiene que ir!». Aunque estas reflexiones estén justificadas, al niño tenemos que ahorrárselas, para que no se crea responsable de las desavenencias entre sus padres.

Tampoco se permitirá que el niño tome decisiones por sí solo cuando los padres no se pongan de acuerdo. No es sano que sea el niño quien decida si puede ir o no a casa de su padre el fin de semana, por ejemplo, o si su madre puede verse o no con su nuevo compañero. Más adelante veremos cómo conviene reaccionar con un niño que se vuelve manipulador y pretende dirigir a sus padres.

Entre la cólera y el falso entendimiento

La cólera campa a sus anchas en las relaciones que inician la coparentalidad de padres acabados de separar. Si bien ayuda a soportar la pérdida y alivia la tensión, nunca es buena consejera. Y cuando amenaza la integridad del otro, entonces se convierte en violencia. «Para calmar a otro, empieza por calmarte tú mismo», reza el dicho. Pero evitar la cólera no debe conducir a una interrupción de la comunicación. Cuanto más escaso sea el contacto, más riesgo se correrá de que sea tenso. Mantener el contacto, por lo menos una vez por semana, garantiza una buena continuidad. La palabra es mejor que los escritos, sobre todo mientras dura el proceso judicial, ya que, por miedo a que las cartas lleguen a manos del abogado, a menudo la expresión es fría y cortante. No nos engañemos, la mayor parte de las separaciones van acompañadas de discordias y la coparentalidad consiste principalmente en aprender a gestionar estos conflictos y mantener la comunicación, por el interés del niño. Se puede mantener la comunicación sin ser cómplices.

No se debe caer en la trampa del buen entendimiento convencional. Así como las borrascas emocionan, la bruma es propensa al extravío. Un entendimiento excesivamente bueno puede ser, como la bruma, un factor de confusión para el niño. Hay parejas que, a pesar de la separación, siguen siendo cómplices y se ven en un contexto de coparentalidad, con un vínculo de amistad verdadera o casi parentesco. Pero en otras situaciones estos encuentros alrededor del niño son artificiales, sobre todo por parte del miembro de la pareja que ha sido abandonado. El mantenimiento absoluto de la relación entre los ex en nombre de la coparentalidad, que consiste en comer en casa del uno o del otro, o en pasar tardes o veladas juntos, puede impedir al progenitor que es menos motor de la separación que la considere como efectiva. Si uno goza del beneficio de conservar casi como antes «su» familia, teniendo una nueva historia de amor y la posibilidad de un nuevo hogar, el otro se encuentra con la pena imposible de un vínculo conyugal que ya no existe y una nueva vida que no tiene espacio para formarse.

Los padres de Honoré, de 6 años, y Matilde, de 8, están separados desde hace tres años. Después de la separación, su padre se juntó con otra mujer que tiene a su vez un niño; su madre, en cambio, continúa criándolos sola. Los dos progenitores, ambos médicos, han conservado la relación por el bien de los niños. Cenan juntos un par de veces por semana. Los fines de semana a veces pasan una tarde juntos, en presencia de la nueva compañera sentimental del padre. Matilde, a la que visito por sus dificultades escolares, me declaró que su padre tenía dos mujeres y que tenía miedo de que lo metieran en la cárcel, porque había escuchado en la televisión que la poligamia estaba prohibida en nuestro país. La relación fluida de sus padres, sin conflictos o palabras aclaradoras, hizo creer a Matilde que su padre era bígamo.

☐ Los beneficios de la mediación

No se debe camuflar la separación conyugal a ojos del niño en nombre del mantenimiento del vínculo parental. Al percibir que se convierte en el vínculo de sus padres en coparentalidad, cree más que nunca que tiene o ha tenido una influencia en la relación conyugal que fue y que todavía podría ser en su imaginario infantil. Afirmar la separación conyugal es también el medio de que el niño renuncie a creer en su poder sobre la intimidad relacional de sus padres.

Escuchar los consejos de un tercero, en particular de un profesional, es un signo de que se vela por los intereses del niño y la prueba de que se tiene fuerza de carácter, porque lo fácil es contentarse con seguir el supuesto instinto, que, en realidad, no es más que egocentrismo. Los servicios públicos juegan un papel importante en esta coparentalidad. No se trata solamente de la esfera privada, sino también de la salud y la educación de los niños. Los servicios de la justicia son los más solicitados y también hacen las veces de consejos. Inconscientemente, los padres esperan mucho más del juez que la simple emisión de un fallo que vele por los intereses del niño. Esperan una solución a sus diferentes movimientos emocionales y, a menudo, quedan desconcertados por ciertas decisiones, por las que se sienten heridos o incomprendidos, lo cual refuerza su animosidad contra el ex cónyuge y contra la justicia.

Los servicios de mediación familiar cumplen una función fundamental, aunque están infrautilizados. Su objetivo es mantener, restablecer y mejorar la comunicación entre los padres, a fin de ayudar a instaurar la organización futura alrededor del niño. Más allá de la separación, soy partidario del desarrollo de consultas de ayuda a la parentalidad en los dispensarios (centros médico-psicológicos especialmente). Estarían destinadas exclusivamente a las parejas separadas y evitarían muchas separaciones marcadas por la dificultad de ser padres conjuntamente. Pero, una vez hecha efectiva la separación, serían un lugar de ayuda y de apoyo a las nuevas funciones de padres separados.

«El cartero siempre sufre dos veces»

Por desgracia, cuando entre los padres no hay comunicación, en muchas ocasiones el niño se encarga de la circulación de las informaciones. La neutralidad brilla por su ausencia, y el embalaje del «paquete» está hecho de reproches directos o disfrazados. Veamos una muestra: «¡Podrías decir a tu padre que no soy su chacha y que podría lavar él la ropa que traes a casa!», «¡Y dile a mamá que a ver si la próxima vez llega puntual!», «¡Dile a tu madre que se guarde los comentarios!». A estas consignas se añaden las palabras que quedan en el aire apuntando al otro progenitor o a su familia, y que el niño, acostumbrado a ejercer ese papel, se cree obligado a transmitir. En la Antigüedad grecorromana, el mensajero portador de malas noticias se jugaba la piel y, por ejemplo, se le podía matar si anunciaba una derrota. Ello demuestra hasta qué punto es difícil diferenciar al mensajero de su mensaje. Simbólicamente, ocurre lo mismo con el niño cartero de sus padres.

☐ **Los sufrimientos del niño mensajero**

El niño mensajero está alterado frecuentemente por el contenido de sus misivas. Se considera responsable de la palabra que lleva y, por tanto, también de las reacciones de cólera, irritación o tristeza que suscita en el receptor. Las consecuencias son que el niño se angustia cada vez que el padre o la madre deben transmitir un mensaje al otro, y que vivirá su palabra como potencialmente peligrosa. De ahí las frecuentes inhibiciones a la hora de expresarse en casa, y también en el colegio y en su entorno en general. El niño cartero acaba mordiéndose la lengua para no provocar altercados.

A estas inhibiciones se suman las inhibiciones a la hora de ver y oír. El niño cartero pondrá su curiosidad en sordina, porque sufre por lo que oye y cree que debe transmitir. Estas dos inhibiciones pueden degenerar en inhibiciones para pensar y actuar, lo cual tiene consecuencias graves tanto en el terreno escolar como en el social.

También puede darse el caso de que el niño encargado de transmitir informaciones se vuelva diplomático y cambie parcialmente los contenidos de los mensajes para modificar el impacto y mejorar el clima de las relaciones. Pero entonces, al haber intervenido en los términos, se sentirá todavía más culpable de las reacciones negativas de la parte contraria. Y su autoestima se resentirá por culpa de estas cualidades diplomáticas, que él considerará ruines.

Y, al revés, el niño puede aprovecharse del poder que le confiere este papel, pudiendo llegar incluso hasta la «erotización» de esta función, es decir, puede inscribirla en la dinámica afectiva de su carácter, lo cual puede alimentar tendencias perversas. Entonces se imagina en el lugar del padre o de la madre, ofreciendo sus palabras al otro, con el cual imagina que mantiene una relación de pareja; pareja en conflicto, pero pareja al fin y al cabo, según su visión. Y puede ocurrir que, excitado por su nuevo poder, eche leña al fuego, atizando las discrepancias. En este caso corre el riesgo de quemarse psicológicamente en el fuego de su deseo incestuoso. En efecto, su excitación es todavía mayor si los conflictos son antiguos, ya que para él se han convertido en un modo de relación normal entre sus padres, como pareja, al mismo nivel que lo son para los demás las carantoñas, la ternura y las relaciones de amor. En el plano de la imaginación, el niño se sitúa en una especie de triolismo en el que los conflictos de pasiones de los que forma parte activa son para él equivalentes sexuales.

Algunos niños consiguen negarse a desempeñar el papel de mensajeros, pero no tienen otro remedio que hacerlo de forma radical. Deciden no comunicar nada de lo que ocurre en ninguna parte. Bloquean la comunicación y los padres se encuentran con unos niños de quienes no saben nada de lo que hacen cuando no están con ellos.

□ Cómo comunicarse con el otro progenitor

Los padres deben prestar mucha atención para no traspasar esta función al niño. A este no hay que pedirle nunca que transmita nada, salvo felicitaciones. Para todo lo demás, se recurrirá a escritos, correo electrónico, correo postal, otros intermediarios, sobres lacrados si fuera necesario, pero, en estos casos, el receptor procurará leerlos cuando el niño no esté delante y se abstendrá de realizar comentarios negativos al respecto en su presencia. Tampoco se le debe permitir que escuche las conversaciones telefónicas con el ex cónyuge, ni cuando se habla de él en conversaciones con otras personas. Ni tampoco le dejaremos leer nuestro correo en nombre de esa nueva tendencia desastrosa para el equilibrio de los niños que consiste en «no ocultarles nada». Los niños no deben ser tomados nunca como testigos, ni como jueces, en lo que respecta a los vínculos de coparentalidad: ¡busquemos otros interlocutores! También deberemos vigilar lo que decimos en su presencia o, si el mal ya está hecho, excusarnos por los comentarios peyorativos. Si el niño nos repite comentarios que creemos ofensivos o irritantes, mantendremos la calma. Nos tragaremos la cólera y o bien no responderemos nada, o bien le diremos que preferimos que su padre (o su madre) se dirija directamente a nosotros.

El papel de los abuelos

El drama para los niños llega cuando sus abuelos olvidan que lo son y se contentan con ser suegros, y, para acabar de arreglarlo, toman partido. En tal caso, la separación no es sólo del padre y la madre, sino que se extiende a dos familias enfrentadas. Los asuntos materiales y de patrimonio alimentan frecuentemente los posicionamientos y la virulencia en las actitudes.

El padre de Pablo es ejecutivo de una gran empresa familiar. Se casó hace unos años con la hija del director general de dicha empresa. Cansado de las infidelidades de ella, decide separarse. Cuando comunica su divorcio, recibe al poco tiempo la carta de despido. Durante el procedimiento, tiene que cambiar de abogado porque le llegan voces de que este ha hecho un amaño con la parte contraria. Al final no puede obtener la custodia compartida como él desea. Pablo, el heredero, se queda en la Familia.

En ocasiones, las cuestiones materiales no son más que un pretexto para ilustrar unos movimientos afectivos difíciles de controlar. Es más fácil hablar o medir la aflicción en términos económicos que en términos afectivos. Los sentimientos son más difíciles de pesar que el oro y la plata. Cuando el conflicto de pareja se convierte en guerra familiar, el niño se ve más afectado, porque no puede encontrar a su alrededor ningún islote de paz. Además, siguiendo el ejemplo de los adultos, se siente peligrosamente obligado a elegir un bando. Estas separaciones son las más traumáticas para el niño. Se pueden crear varias combinaciones e incluso puede llegar a darse el caso de que se formen alianzas entre un progenitor y su familia política.

Los padres de Iván le ofrecen que se ocupe de su tienda de muebles en Madrid cuando se casa con Miriam. Los dos tortolitos trabajan mucho y hacen prosperar el negocio ya floreciente. A sus dos hijas no les falta de nada. Los padres de Iván saborean su apacible jubilación, en recompensa a unas vidas dedicadas al trabajo. Pero de repente, como un trueno en el cielo sereno, Iván se marcha de casa para irse a vivir con otra mujer, que regenta un gran salón de peluquería en el sur de Francia. Iván decide dejarlo todo e instalarse en el sur para vivir y trabajar con esta mujer. Los padres de Iván se sienten traicionados por su hijo, apoyan a su nuera con todas sus fuerzas y cubren de oprobio al ingrato de su hijo, al que no quieren ver nunca más.

En estas situaciones, el otro progenitor rompe por partida doble con su pasado, viendo así doblar su desgracia, en perjuicio, evidentemente, de la relación con el niño. Por parte de los abuelos, en las situaciones de separación existe el temor de perder el contacto con los nietos. También temen perder una parte del patrimonio legado a su hijo y que ha pasado a formar parte de los bienes comunes.

Asimismo, pueden sentirse traicionados por el yerno o la nuera que habían acogido como a hijos. Se puede dar el caso de que les cueste aceptar que su hijo, o el cónyuge, rompa la familia, simplemente por una cuestión de amor. No se debe olvidar que ellos han llevado su vida de pareja hasta el final, sin formularse demasiadas preguntas existenciales sobre el amor, con sacrificios y quizá también con pesares. No cortar nunca el hilo del diálogo con ellos es la clave para evitar rupturas a todos los niveles. Cuando la primera planta está inundada, es necesario que los niños puedan subir a los pisos superiores, los de sus abuelos, y el mantenimiento de las relaciones entre padres y abuelos representan la escalera que hace posible este paso.

☐ El Arca de Noé

Los abuelos desempeñan un papel fundamental. En términos prácticos, pueden hacerse cargo de los niños durante los periodos de crisis, ahorrándoles así tensiones, violencia y palabras hirientes. Recuerdo el caso de un niño cuyos cuatro abuelos se comportaron de forma extraordinaria. Mientras los padres dirimían la cuestión de la custodia del niño, los abuelos maternos propusieron que viviera en su casa. En un primer momento, el padre se opuso a ello, pero la intervención de sus propios padres acabó convenciéndole de la necesidad de ofrecer un contexto sereno a su hijo, a la espera de que la justicia se pronunciara y los ánimos se calmaran.

☐ Respetar la imagen de los padres

Si hay un consejo para ofrecer a los abuelos es que no hablen nunca mal de los padres delante del niño. Parece una obviedad, pero raramente se respeta esta prohibición. El niño percibe toda diatriba contra el padre o la madre como un ataque personal. Y esto es así aun cuando el niño parece compartir los reproches. Cuanto más pequeño es, más sensible se muestra, y recibe estos ataques en todos los componentes de su personalidad que identifica con el carácter, los comportamientos o ideas del padre afectado. Esto exige un esfuerzo constante por parte de los abuelos, que se sorprenden por actitudes que apenan a su hijo o a sus nietos. El niño percibe dolorosamente los pequeños comentarios asesinos que se sueltan creyendo que no escucha, el chirimiri de palabras poco amables y malintencionadas hacia uno de sus progenitores, los gestos crispados y las miradas despectivas cuando él mismo se refiere a dicho progenitor. Y su dolor se hace más vivo, si cabe, porque todo esto emana de personas a las que quiere y respeta. Las opiniones de los padres o los abuelos tienen fuerza de ley para el niño, que no tiene siempre la perspectiva necesaria para entender el estado de ánimo del momento. Y, dado que es difícil mantener el silencio, por lo menos se debe procurar que las palabras no suban de tono. Es más inteligente criticar una acción, un comportamiento o una opinión que a una persona. Es preferible decir al nieto que nos cuenta algún disparate: «Tu madre tiene dependencia del alcohol. Es una enfermedad difícil de curar. Esto cambia el carácter de las personas, por eso a veces se le olvida hacer bien su oficio de madre», que: «Tu madre ha sido siempre una alcohólica». O bien se dirá: «No estoy de acuerdo en lo que ha dicho mi ex yerno. Yo a mi hijo le habría dicho lo siguiente... Pero es él tu padre, y no yo», antes que: «Tu padre es un idiota que suelta lo primero que le pasa por la cabeza». Y si los abuelos no son capaces de contenerse, por lo menos que critiquen al ex yerno o a la ex nuera llamándoles por su nombres, en lugar de decir «tu padre...» o «tu madre...». De este modo el niño no se sentirá aludido tan directamente y entenderá mejor la dimensión subjetiva de los ataques. Respetando la imagen del padre o de la madre del niño se protege a este último, no a sus padres. Si el padre o la madre cometen un delito, por ejemplo un acto de violencia contra el otro, y el niño lo ha presenciado o se ha enterado, se puede reprobar la acción, enseñar al niño que dicho acto está castigado legalmente y que por eso su padre o su madre serán condenados por el juez, sin por ello destruir la imagen del progenitor diciendo que es un monstruo. El niño debe saber que todo el mundo debe respetar la ley, incluidos los padres encargados de enseñársela. Pero también aprenderá que un solo acto no resume a una persona. Si no, el peligro que conlleva hablar sólo de los defectos del padre o de la madre, de reducir esa persona a unos comportamientos delictivos, es que el niño no tendrá otras opciones de identificación que lo que se habrá dicho de su padre o su madre. Un niño que hubiera tenido como única presentación de su padre la definición de delincuente corre el peligro de convertirse en delincuente, o, en el mejor de los casos, de frecuentarlos durante toda su vida (y no solamente como policía o carcelero), o incluso se podría creer monstruoso al más mínimo pensamiento deshonesto que pudiera tener. En resumen, reducir al padre a una sola imagen aprisiona al niño en un reducto y bloquea su desarrollo personal. No se puede impedir a un niño que se construya, aunque sea parcialmente, en referencia a uno de los padres, en función de lo que ve y percibe de él, en función de lo que sabe e imagina de él y también en función de lo que se dice de él. Criticar una actitud o una palabra, y no a una persona, deja la puerta abierta para que el niño piense que su padre es alguien más que aquel que ha hecho o ha dicho tal cosa.

☐ Un vínculo protegido por la ley

El mantenimiento de las relaciones con los abuelos está amenazado en ciertas situaciones de separación, especialmente cuando el padre o la madre han roto la relación con sus propios padres, acusados de «complicidad con el enemigo». También es el caso de las custodias exclusivas en las que el padre abandona su derecho de ver a su hijo un fin de semana de cada dos y la madre no se entiende con sus ex suegros.

La reforma del Código Civil mediante la Ley 42 del 21 de noviembre de 2003, sobre familia, supuso un refuerzo del papel de los abuelos respecto a los niños. Los padres no pueden oponerse, salvo motivo justificado, a que el niño se relacione con los abuelos. Los abuelos tienen, pues, la posibilidad de mantener una relación personal con sus nietos, de establecer una correspondencia con ellos, de visitarles o ser visitados, y también de participar en su educación, con la condición de que no causen perjuicio a los niños.

Recordemos, a modo de conclusión, que los abuelos pueden ser un polo de estabilidad y neutralidad en la tormenta que supone la separación de los padres. Dan tranquilidad a los nietos con una imagen de continuidad y pertenencia a una filiación en el momento de la ruptura y de la angustia de abandono. También aportan una ayuda material a sus niños. Y, cuando no están separados, muestran al niño otra forma de vivir la vida en pareja.

Situaciones menos ordinarias

Existen tantas situaciones de separación como formas de relaciones conyugales, de parentalidad y de familia. A continuación, veremos algunas de ellas que presentan especificidades, pero que no tienen nada en común.

▫ **El progenitor en pareja homosexual**

Cuando Francisco se casó con Rosana tenían ambos 21 años. Se habían conocido unos meses antes en una fiesta de unos amigos, y la complicidad nació antes de que se conocieran realmente. Desde el primer encuentro fue como si se reencontraran. Ella tenía la seguridad de la que él carecía, y él la belleza que habrían deseado todas las mujeres. Pero la belleza no es más que la promesa de la felicidad, y la seguridad no protege de la infelicidad. Sin embargo, su amor no estaba hecho de papel-cartón, como lo demuestra Victoria, que hoy tiene 5 años. No obstante, un viento contrario desmanteló este amor. El secreto de Francisco era que tenía varios corazones. Cuando uno de ellos empezó a palpitar por Julio, lo hizo con tanta fuerza que los otros siguieron su ritmo.

Cuando recibí en mi consulta a Francisco y Rosana, ya no vivían juntos. Las lágrimas y los gritos ya habían pasado, y el diálogo había vuelto a ser posible. Rosana acababa de conocer a otro hombre que a veces dormía en su casa y al que más tarde diría sí ante el señor alcalde. Por su lado, Francisco aún no se atrevía a vivir con su compañero, por miedo a trastornar a Victoria. Acabó haciéndolo, después de venir a mi consulta para saber cómo tenía que explicárselo a su hija y cómo debía responder a sus preguntas.

A veces ocurre que, después de separarse, un hombre o una mujer rehacen su vida con una persona del mismo sexo. Si viven juntos, se trata de una pareja de hecho. Dado que la orientación sexual de un adulto no tiene ninguna incidencia en las competencias parentales, es evidente que no debe influir en el tipo de custodia de los niños.

Al niño que se sorprenda de que su padre o su madre abracen una forma de amar minoritaria se le debe explicar que se puede querer y vivir el amor con alguien que es del mismo sexo que uno mismo. «Entonces, ¿yo me podré casar con mamá más adelante?», preguntó Victoria. A lo que su padre le respondió: «No, porque esto sólo es posible con una persona adulta y que no forme parte de la familia». «¿Y tú te separaste de mamá porque creías que las mujeres son malas?», se interesó la niña. «Claro que no. Yo me llevo tan bien con las mujeres como con los hombres, pero ya no quería tanto a mamá como para vivir con ella, y a Julio lo quiero hasta el punto de querer compartir mi vida con él». Y aclaró: «Pero, pase lo que pase, yo seré siempre tu papá, porque de los hijos no te divorcias. Y, además, estoy muy contento de que seas una niña, no hace falta que intentes ser como un niño para gustarme». «¿Y con Julio harás otros bebés?», inquirió la niña. «No, porque para hacer un bebé se necesitan un hombre y una mujer, pero también es posible amarse sin tener bebés». Como la niña se encariñó mucho de Julio, un buen día decretó que cuando fuera mayor se casaría con él. Su padre le respondió: «Eso no es posible, porque de ahora en adelante forma parte de tu familia».

En el colegio Victoria sorprendió a su maestra al declararle que tenía tres papás, refiriéndose a los nuevos compañeros sentimentales de su padre y de su madre. Entonces su padre aprovechó para explicarle los tres elementos en los que se funda la paternidad, a saber: la semilla de vida antes del nacimiento, el reconocimiento al nacer y la implicación educativa desde el nacimiento. Por tanto, ella tenía un solo padre, como todo el mundo, pero, efectivamente, había otros dos hombres que podían ocuparse de ella cuando papá no estaba disponible, y estos dos hombres eran sus padrastros, el que vivía con su madre y el que vivía con su padre. Y le dejó claro que a papá y mamá les parecía perfecto que estos dos nuevos padres se ocuparan de ella y le dijeran lo que tenía que hacer, si se daba el caso. Los niños necesitan saber a quién tienen que obedecer y a quién no, y, por consiguiente, deben saber que sus padres delegan respectivamente su autoridad en cada padrastro. Un día Victoria volvió llorando a casa, porque un mayor había insultado a su padre poniéndole un nombre extraño. Su madre la tranquilizó explicándole que quienes son minoritarios a veces reciben las ofensas de los cobardes, porque, al ser menos numerosos, no se pueden defender tan bien. Si esto volvía a ocurrir, iría a quejarse, añadió su madre. Y, por último, le dijo que podría estar orgullosa de su padre, porque era un hombre que tenía la valentía de ser él mismo, en pleno respeto de la ley.

◻ El niño adoptado

A Hugo, de 9 años de edad, sus padres le comunican su intención de separarse. El niño no ha visto venir el drama. No ha habido preludio. Ninguna desavenencia detectable le ha hecho prever la ruptura. Su reacción es intensa. Vomita las comidas. El día es un mar de lágrimas. Por la noche, las sábanas están inundadas de orina y sudores fríos. Hugo llora con todo su cuerpo. En el colegio no presta atención y ya no entiende lo que dice la maestra. Nada tiene sentido para él.

Sus padres lo adoptaron cuando tenía 2 años. Nació en Colombia y dio sus primeros pasos en un internado. Las informaciones sobre los padres biológicos son sumarias: madre menor procedente de una familia muy pobre, padre desconocido (¿casado?); Hugo no lo sabrá nunca. Sea como fuere, él encontró en esta unión de cuerpos suficiente deseo para nacer y en sus padres adoptivos suficiente amor para hacer de él un niño sano. Hugo vive la ruptura de sus padres adoptivos como un nuevo abandono que agita los cimientos; se hunde en los años y muchas reacciones resuenan como un eco del mundo angustioso de sus dos primeros años. Por mucho que sus padres le repitan que él no es responsable de la separación, no les escucha. Él es un monstruo que desune, que no merece que se mantengan juntos por él. Hará falta tiempo, mucho amor y ayuda psicológica para que el niño pueda recuperarse.

He comprobado que las angustias de separación y de abandono son más frecuentes entre los niños adoptados. Como la separación parental es el origen de angustias análogas, se entiende que los hijos de padres adoptivos que se separan se verán más afectados por estas. Hay que considerar, pues, que los niños de padres adoptivos que se separan son más sensibles que los demás a las separaciones parentales y, por tanto, se debe tomar con ellos todavía más precauciones. El niño debe ser tranquilizado especialmente en cuanto a la inscripción en su filiación, ya que vive la separación como una verdadera amenaza a su identidad. Se le debe decir, o recordarle, que su nueva filiación es para siempre y que la separación o el divorcio no cambian en nada su estado civil. También es necesario decirle que su apellido, que le ha sido dado por su padre y que este, a su vez, ha recibido del suyo (o del padre de su madre si no ha conocido a su padre), lo tiene para toda la vida, que nadie se lo podrá quitar y que lo podrá dar a sus hijos.

En cierta ocasión, traté a un niño que padecía una gran depresión a consecuencia del divorcio de sus padres. En el transcurso de una entrevista descubrí que creía que su madre había dejado de ser su madre porque volvía a tener el nombre de soltera y que, por consiguiente, ya no llevaban el mismo nombre. Los abuelos y los tíos juegan un papel importante en este recuerdo, así como en la tranquilización del niño en este aspecto.

Para los más jóvenes, la explicación concreta de la idea de herencia, aunque pueda parecer desagradable para los padres, porque no les gusta pensar en su propia muerte, es muy útil. Saber que, aun en caso de separación, al morir los padres heredará el ordenador de papá, el coche de mamá y la cómoda de la bisabuela, y que nadie puede impedirle que herede todo esto porque la ley le protege, da al niño una representación concreta y fácil de la abstracta idea de filiación.

La inscripción en la filiación también pasa por prohibir el incesto, que demasiado a menudo no se expresa a los niños adoptados. Ahora bien, la adopción, por el hecho mismo de que los padres no son biológicos, puede crear en los niños la ilusión de que podrían ser la pareja de su padre o su madre si estos no estuvieran ya casados. En caso de separación, el fantasma pasaría a ser realizable, lo cual podría alterar el desarrollo psicológico del niño. Se le debe decir explícitamente que no podrá casarse con ningún miembro de su familia adoptiva. Y recordárselo en caso de separación parental.

He tratado a un niño de 5 años que presentaba trastornos de comportamiento. Fue adoptado al nacer, pero los problemas surgieron cuando los padres empezaron a hacer referencia a su separación. Estaba agitado permanentemente, no escuchaba en clase y no era capaz de mantener la atención. Se pensó en la posibilidad de que fuera hiperactivo y el pediatra decidió prescribirle un tratamiento médico para calmarle la agitación. La psicoterapia se reveló eficaz y radical. Fue el hecho de inscribirlo en su filiación lo que hizo que desapareciera el conjunto de trastornos. Pero el crío era espabilado y encontró una fisura a mi exposición sobre las leyes: le dijo a su hermana, adoptada igual que él, que un día irían a Bolivia, su país de origen, para adoptar juntos un bebé. Una manera muy astuta de ser padres juntos sin tener que unirse sexualmente. Desde entonces, he añadido a la lista de tabúes que deben enseñarse a los niños, junto a la prohibición del incesto, el de ser pareja de padres adoptantes cuando se es miembro de una misma familia.

□ El hijo único

La dificultad del hijo único es que no tiene ninguna posibilidad de encontrar apoyo en los hermanos. Generalmente, estos últimos se unen en caso de separación parental. Los más jóvenes se enganchan y se identifican con los mayores. Algunos niños intentan compensar el debilitamiento de los vínculos verticales reforzando los vínculos horizontales. Se acercan a sus hermanos y hermanas, atenuando el dolor y la angustia del vacío que se abre bajo sus pies. Es cierto, incluso, en los casos en que, antes de la separación, reproducían entre ellos los conflictos de los padres peleándose continuamente. Así ocurría con Eduardo, el vivo retrato de su padre, y Julia, su hermana dos años menor, que se parecía tanto a su madre. Se llevaron bien durante toda la infancia y empezaron a enfrentarse al mismo tiempo que sus padres. Pero, una vez hecha efectiva la separación, Julia y Eduardo cesaron las disputas para acercarse el uno al otro.

Por otro lado, el hijo único no puede diluir su culpabilidad en el grupo de hermanos. He constatado que en la familia numerosa los hijos se sienten menos responsables de la separación de sus padres. O, cuando se da el caso, pueden imaginar una responsabilidad colectiva: «Papá y mamá discuten porque hemos hecho muchas travesuras», pensaba Alexia, de 6 años. El hijo único es el fruto único de este amor y puede imaginar que es la causa única de la separación de sus padres por no haberles dado suficiente satisfacción.

El hijo único también es el único que soporta las desavenencias entre sus padres, que pueden convertirlo, sin intención de perjudicarlo, en un niño mensajero o un niño rehén. Los hermanos llevan juntos el peso de la separación e, inconscientemente, pueden repartirse los papeles. Por ejemplo, uno consolaría a la madre apenada por el abandono de su marido. Otro sería leal al padre. El tercero sería el diplomático. Y el cuarto prescindiría de sus padres y se identificaría con sus tíos. El hijo único es el único con quien se cuenta y no puede «partirse en dos». Es el único que lleva el peso del divorcio y no sabe qué función desempeñar.

Pero el hijo único está acostumbrado a serlo. Está acostumbrado a no encontrar apoyo en los hermanos en momentos de dificultades. Ha aprendido muy pronto a compensar esta condición reforzando los vínculos con su red familiar (primos, tíos, abuelos) y social (amigos, vecinos). El hijo único de padres separados encuentra en este entorno el alivio que los otros encuentran en sus hermanos. Por eso, sus padres deben esforzarse en mantener este tejido, especialmente al decidir el tipo de custodia. La condición de hijo único es una razón añadida para que el niño no deba afrontar un cambio de domicilio que lo alejaría del resto de su familia, de sus vecinos, de sus compañeros de clase o de sus amigos.

☐ **El padre maltratador**

Una de las causas que inducen a una mujer a abandonar a su esposo son los malos tratos a los niños, que hacen indispensable la separación. La violencia puede ser verbal, física y sexual. El alcohol es un cómplice habitual de estas conductas destructoras.

Antonio se casó con Josefina cuando la hija de esta, Claudia, tenía 4 años; era hija de un hombre que Josefina no volvió a ver nunca más. Antonio crió a Claudia y a tres hijos más que tuvo con Josefina. La familia parecía sana, Antonio era trabajador y se ocupaba de sus hijos. Claudia no reveló hasta los 19 años, después de irse del domicilio familiar con su pareja, que había sido víctima de tocamientos sexuales por parte de su padrastro cuando era más joven. Le puso una denuncia y el padre tuvo que abandonar el hogar antes de que se dictara la sentencia de divorcio. Antonio, el padrastro de Claudia, era inmaduro afectivamente y él mismo había sido víctima de abusos sexuales cuando era niño por parte del padre de su padrastro. Josefina se sentía culpable de no haber sospechado nada. Al parecer, había estado cegada por su depresión o por su historia, ya que ella había sido víctima de malos tratos en las dos familias de acogida en donde había sido instalada. Después de meses sin visitas esperando la resolución del caso, se autorizaron las visitas programadas.

En este tipo de dramas, conviene hablar a los niños con mucho tacto. ¿Cómo se puede proteger la imagen de un padre desnaturalizado por sí mismo? La madre debe anunciar a sus hijos que se separa de su marido por culpa de su comportamiento, y también para protegerlos a ellos de un padre que no es capaz de ejercer bien su oficio de papá. Les deberá explicar que se había casado con aquel que se convertiría en su padre por unas cualidades que puede citar. Y precisamente porque tenía estas cualidades, decidió tener hijos con él. Y podrá añadir que entonces ella ignoraba que, junto a estas cualidades, también había en él cosas que son condenables si se llevan a cabo. Deberá explicar que todo el mundo, incluidos los padres, tiene que obedecer la ley, y que esa ley de los hombres prohíbe la violencia con los niños y mantener relaciones sexuales con ellos. Y que si los niños no pueden estar solos con el padre, es para protegerles de estos malos comportamientos y para proteger al propio padre de su comportamiento. Si el padre es condenado a pena de cárcel, se explicará a los niños que el juez ha dictado una condena que tiene la función de castigarle, para que entienda que lo que ha hecho es grave.

7
Todos los niños del divorcio

La separación de los padres no sólo afecta al niño en el campo de la verticalidad de sus relaciones familiares, también sus vínculos horizontales se ven puestos a prueba. La familia, tal como hemos expuesto anteriormente, es un sistema, es decir, un conjunto de individuos que, por el hecho de formar un conjunto, poseen cualidades que superan la simple suma de las de cada una de las personas de dicho grupo. Una de las leyes que determinan un sistema familiar es la homeostasis, que responde a la necesidad del propio sistema de preservar una estructura y una dinámica estables. Cuando algunos vínculos se rompen, otros tienen que tejerse obligatoriamente.

Los vínculos no siempre son de amor. Se puede ver, por ejemplo, cómo los lazos amorosos entre padres desaparecen y son relevados por vínculos de odio, a no ser que unos vínculos extraconyugales con un nuevo cónyuge, que pasa a ser padrastro o madrastra, reconstituyan la familia y entonces los vínculos de odio se vuelven inútiles. En este contexto de sistema abierto, los lazos entre hermanos y hermanas participan plenamente de la reestructuración familiar. Cualquier nueva combinación es posible, con modificaciones de alianza o de conflictos dentro de una misma fratría. La familia es un sistema evolutivo y las rupturas de las parejas de padres son, desde el punto de vista estructural, parecidas a las revoluciones de una sociedad determinada. Provocan un cambio brutal con una aceleración de las modificaciones internas. Las recomposiciones que siguen a menudo implican el nacimiento de nuevos hijos y la necesidad para los que nacieron anteriormente de integrar a hermanastros que desestabilizan su posición.

Como en cada momento decisivo de la vida de una familia, será necesario reorganizar y redefinir las reglas que rigen el funcionamiento familiar. Es un proceso que comporta dificultades y sufrimiento, pero es imposible no renegociar los esquemas relacionales anteriores, particularmente entre hermanos, sin que los niños desarrollen algún trastorno psicológico.

La fratría separada

☐ La historia de Teo y Marina

Teo tiene 12 años y su hermana Marina 7 cuando sus padres se separan. Se decide que vivirán en casa de su padre un fin de semana y un miércoles de cada dos. Pero, transcurridos unos meses, Teo se vuelve tan difícil que la madre accede a su petición de irse a vivir durante la semana a casa de su padre. Entonces Marina reacciona y presenta dificultades escolares. Olvida las reglas de ortografía, se come letras de las palabras y palabras de las frases. Expresa en sus escritos la ausencia que la hace sufrir. Se descompone. La logopeda a la que su madre consulta, pensando en una dislexia, la envía a mi consulta. Observo en la niña una tristeza profunda que se traga sus palabras. Sus dibujos también están amputados. Se niega a dibujar a su familia. Su madre, por supuesto, asocia mentalmente la aparición de los síntomas con el cambio de casa de Teo, pero el hecho es que el niño no está tan ausente de su vida. Es cierto que lo ve menos, pero están juntos cada fin de semana y, aunque sea mayor, Teo acepta con gusto pasar tiempo con su hermana y ocuparse de ella como haría cualquier hermano mayor ideal (las mujeres que idealizaron a sus hermanos mayores saben de qué estoy hablando).

Las consultas con Marina revelaron que consideraba su relación fraternal de un modo matrimonial. Le parecía que formaba una pareja con su hermano a imagen de la pareja formada por sus padres. Su desconocimiento de las reglas que rigen la sexualidad humana le permitía imaginárselo. Suponía que sus padres siempre habían vivido juntos. Ciertos elementos reforzaban su convicción de que Teo y ella eran una réplica de la pareja de sus padres: el parecido físico de su hermano con su padre y de ella misma con su madre, una diferencia igual de edad entre los dos padres y los dos hijos, además de la proyección afectiva que empujaba al padre y a la madre a ver sus propios temperamentos reflejados en el hijo de su mismo sexo. Por consiguiente, cuando su hermano Teo se fue a vivir a casa de su padre, para Marina fue como un divorcio equivalente al de sus padres. Quizás inconscientemente el mismo Teo había presentido este tipo de vínculo. Su necesidad de distanciarse un poco de su hermana, en un momento para él próximo a la pubertad, podría haber sido una forma obligada de protección. Sin embargo, mientras que su madre sólo perdía un marido, Marina perdía un compañero y un hermano. Y esto se lo habían dicho en repetidas ocasiones: un divorcio era para siempre. Por otra parte, su padre convivía desde su separación con otra mujer. Aunque viera a Teo cada fin de semana, en su imaginación, Marina ya no tenía hermano, puesto que para ella, simbólicamente, el himeneo estaba roto. Teo ya no era nada para ella. Y además del luto que se adueñaba de ella, toda su identidad familiar estaba alterada. La psicoterapia, a través de una definición de la naturaleza de los vínculos familiares y de las reglas de la sexualidad humana, le permitió ver las cosas más claramente. Y Marina quizá perdió un esposo, pero ganó un hermano.

□ Decisiones caso por caso

Se recomienda no separar a los miembros de una fratría a la hora de tomar decisiones relativas a la guarda y custodia de los niños en una situación de separación parental. No se debe añadir al dolor de la separación de los padres el dolor de ver alejarse a un hermano. Es bien sabido que la presencia del hermano ayuda a los niños a mantener una continuidad del espacio familiar anterior y protege de los traumas afectivos de la separación. Por norma general, los jueces suelen aplicar correctamente este principio. Sin embargo, a veces los niños necesitan pasar, aunque sea durante un año o dos, más tiempo con uno de los padres, incluso vivir una temporada sin el hermano, igual que ciertos niños pueden necesitar pasar un tiempo en un internado. Es una necesidad que no debe ser ocultada en nombre del principio anterior. Por tanto, la cuestión de la guarda y custodia de los miembros de una misma fratría deberá ser tomada con la flexibilidad que conviene a todas las relaciones humanas.

□ La historia de Lucía

Contrariamente a la historia precedente, hay niños que son desunidos brutalmente cuando los padres se separan de forma definitiva. Esto le ocurrió a Lucía, que ahora tiene

30 años. Creció junto a Adrián, un año menor que ella. Cuando Lucía tenía dos años, su padre, viudo, se instaló con la madre de Adrián, que era madre soltera. Lucía y Adrián se hicieron inseparables. Siete años más tarde, cuando Lucía tenía 9 años, el padre y la madre se separaron y cada uno se fue con su propio hijo. Los conflictos, las palabras duras, los resentimientos que acompañaron la ruptura de la pareja levantaron un muro entre los dos niños. La madre de Adrián se fue a vivir a 400 km, lo cual añadió una distancia geográfica. Lucía y Adrián pasaron a no verse nunca y no tenían noticias el uno del otro. La ruptura supuso un gran sufrimiento para Lucía que expresaba con trastornos psicosomáticos. Unos dolores abdominales, objeto de numerosos —y vanos— análisis médicos, le perturbaron e invalidaron durante toda la adolescencia. A la edad de 23 años, coincidiendo con el inicio de una terapia con una psicóloga, reunió las fuerzas necesarias para buscar a su hermano. Hoy Adrián es el padrino de sus dos hijas y de ahora en adelante nadie los podrá separar.

Un hermanastro que ocupa mucho sitio

La separación ya se ha hecho efectiva. La guarda y custodia ha sido establecida y uno de los padres ya vive con otra pareja. El niño empieza a integrar la existencia de un padrastro o madrastra cuando se entera de que pronto tendrá un hermanito o una hermanita. Esta es una situación muy habitual. Alguna vez he visto situaciones más complicadas en las que, por ejemplo, un hermanastro nace de una relación adúltera anterior a la separación y entonces el niño tiene que enfrentarse simultáneamente a la separación y al hermanastro. En tal caso, la familia está verdaderamente recompuesta.

☐ **Entre celos y rivalidad**

Las reacciones de los niños son de varios tipos. Podemos encontrar todas las que acompañan cualquier nacimiento de un hermano menor. Los celos hacia el hermanastro menor son un caso clásico, sobre todo en niños de 2 a 6 años, y se tratan de la misma manera que si fuera un hermano normal. Una diferencia de edad más importante atenúa los celos o las rivalidades, y los mayores no dudan en implicarse de buena gana en su papel de hermanos mayores. Existen, no obstante, algunas especificidades.

El nacimiento de un hermanastro dos años después de la separación de sus padres provoca en Andrea, de 8 años, una gran tristeza acompañada de trastornos del sueño y de una pérdida de apetito. No se trata de celos. Ya ha pasado la fase edípica y tiene dos hermanas menores. Lo que es capaz de decirme entre sollozos es lo siguiente: «Ahora papá y mamá ya nunca volverán a estar juntos». Andrea había albergado la esperanza de que la pareja de sus padres se volviera a formar. Alimentada por esa esperanza (que, probablemente, también compartía su madre) ha soportado la separación sin trastornos aparentes. Pero el nacimiento de su hermanastro acaba con su esperanza. La pena dura el tiempo que duran las penas de amor y otra esperanza germina: que el cuarteto que forma de aquí en adelante con sus hermanas permanezca unido.

Por supuesto, es más difícil para el niño acoger favorablemente un nacimiento si el otro padre lo vive dolorosamente, y más aún si se trata del padre abandonado que todavía vive solo. Según las estadísticas, después de una separación, los hombres vuelven más rápidamente a vivir en pareja que las mujeres. Me parece que esto ocurre porque pasan menos días con sus hijos y porque están menos preparados que las mujeres, debido a la educación que han recibido, para vivir de manera autónoma. Si la primera mujer ya tiene la menopausia y su ex cónyuge es otra vez padre con una mujer más joven, aquella puede vivirlo como una injusticia y sufrir por ello.

El nacimiento de un nuevo hijo puede suscitar formas particulares de celos. Lucas, de 7 años, se muestra crítico hacia Carlos, que sólo tiene 1 añito y mucho daño no le puede hacer. Hace dos años que el padre de Lucas se separó de la madre de este y se ha vuelto a casar con la madre de Carlos. No es sólo la pérdida de su posición de único hijo varón lo que le resulta difícil superar. Tiene envidia de Carlos por tener a sus dos padres reunidos amorosamente consigo. Tuve que recordarle que él también había vivido en la misma situación e invité a su padre a explicarle el amor que sentía por su madre y la alegría que sintió cuando Lucas nació.

A menudo un niño ve a un bebé que llega como a un rival, pero, por suerte, el bebé no puede corresponderle como tal, pues no sabe hablar, ni caminar, ni nada de lo que él sí sabe hacer. Cuando la madre se ocupa del recién nacido, el padre se muestra más disponible para el mayor. Esto ayuda mucho al hijo mayor a soportar tanto el nacimiento del hermano como la ruptura del cordón umbilical afectivo con la madre. Pero en las situaciones de separación, el padre sólo está visible para el mayor un fin de semana sí y otro no, y, en cambio, transcurre toda la semana con el bebé. No está allí para saber qué pasa. Una buena manera de que el mayor pueda superar la llegada del bebé es que se ocupe de él como si fuera un segundo papá o una segunda mamá. Para controlar la situación, es necesario ejercer una influencia en apariencia del todo oblativa. Desafortunadamente, la separación impide dicho control. A la pérdida del padre o de la madre se añade la pérdida del padrastro o de la madrastra: al principio, el padre o la madre «bis» tal vez hayan sido delicados y amables con el hijo de su cónyuge con el fin de conseguir su afecto, pero cuando llega el hijo propio, el hijastro siente que pierde importancia. Además, una madre puede entender y aceptar un sentimiento de celos sin demasiada acritud, pero no le ocurre lo mismo a una madrastra, puesto que no tiene los mismos vínculos de corazón con el mayor. No obstante, tendrá interés en que los hermanastros acepten positivamente a su bebé. Los padrastros no deben ahorrar energía a la hora de favorecer los vínculos entre sus propios hijos y los de su cónyuge. Además, aparte de los sentimientos normales de celos y envidia, el nacimiento de un bebé en las familias recompuestas, particularmente en las familias en las que conviven los hijos del padre o la madre y los del padrastro o la madrastra, es visto por los futuros hermanos como un acontecimiento positivo. La llegada del hijo fruto del amor simboliza renovación, y la familia se une alrededor de la cuna de ese niño divino. Es un punto en donde convergen los hilos conductores de la pequeña comunidad. El bebé valida a los ojos de los niños esa parte de su familia. Incluso cuando el padrastro o la madrastra no han sido aceptados afectivamente, se vuelven «familiares», por el simple motivo de ser los progenitores del hermano o la hermana. El bebé es el gancho que aguanta el nuevo marco familiar.

☐ Acompañar al niño en el nacimiento del hermano

En este apartado daremos algunos consejos para ayudar al hijo a vivir bien el nacimiento del hermano. No se le debe implicar en la decisión preguntándole si está de acuerdo en tener un hermano o si le parece bien. Sería hacerle creer que tiene un poder que en realidad no tiene, ni debe tener, es decir, el poder de controlar el deseo de procreación de su padre o madre y de su padrastro o madrastra. Y si, para colmo, contesta que no está de acuerdo, verá que su opinión no era en absoluto decisiva y acogerá peor al nuevo hermano. Si contesta afirmativamente y el proyecto se realiza, entonces creerá que su hermanastro le debe a él el hecho de existir. También podría sentirse culpable por haber participado de la pena del progenitor abandonado, si para este el futuro nacimiento fuera una noticia dolorosa.

Es el padre o la madre del niño quienes deben anunciarle la llegada de un hermano. Lo mejor sería que lo hiciesen a solas, sin la presencia del cónyuge, porque podría ocurrir que el niño no se atreviera a expresar sus inquietudes por temor a no caer bien a su padrastro o madrastra o que estos no interpretaran correctamente el despecho o resentimiento del niño.

Por otro lado, no hay que dar la noticia muy pronto, sobre todo si el niño es menor de 5 años. Su percepción del tiempo no es la misma que la nuestra. De hecho, 9 meses representan un 25 % de la vida de un niño de 4 años... ¡lo que equivale a 9 años para un adulto de 36! No necesita tanto tiempo para prepararse psicológicamente y se preocuparía con demasiada antelación sobre lo que el nacimiento del bebé puede ocasionarle. Hablar durante el cuarto mes es suficiente. Tampoco se trata de esperar mucho tiempo, porque el embarazo se empezará a notar y el niño habrá oído alguna cosa o presentido algo a través de la comunicación paraverbal. He podido observar que, cuando las relaciones entre los padres separados son tensas, el padre que espera un nuevo hijo en general no quiere que su ex lo sepa enseguida y no le dice nada al niño para que «no hable». O bien, si se lo explica, le pide que guarde el secreto. El embarazo entonces implica un malestar que podrá perturbar su futura relación con el bebé.

Conviene pues, por el interés del niño, informar al ex al mismo tiempo que al niño. Lo ideal es que los ex conozcan al recién nacido, al hermanastro de su propio hijo. En los niños menores de 4 años pueden darse reacciones de hostilidad durante el embarazo o después del nacimiento del bebé. «¡Lo echaré a la basura!», sentenció Laura, de 4 años. Cuando el bebé nace (a veces, incluso, un poco antes) pueden aparecer algunos comportamientos regresivos: Pablo, de 5 años, vuelve a mojar la cama y Sofía vuelve a chuparse el dedo, cosa que llevaba un año sin hacer.

◻ Cuando es la madre quien está embarazada

He podido constatar que el niño reacciona más fuertemente cuando es la madre, y no la madrastra, quien está embarazada. Pero la madre debe evitar sentirse culpable por el sufrimiento de su hijo. Con el bebé la madre le brinda al niño la posibilidad de aprender qué es la fraternidad y la igualdad. Debe decirle a su hijo que tendrá la libertad de querer o no al bebé, pero que no tendrá el derecho de hacerle daño de otro modo que no sea en el pensamiento. Debe precisarle que a la inversa es igualmente válido. Aceptará sus momentos de regresión durante un tiempo. Inconscientemente, el niño espera recuperar la atención de su madre, se porta como un bebé y reclama mimos. No entiende que su madre se vuelque tanto en un ser pequeño que no sabe hacer nada, mientras que él está tan orgulloso de sus nuevas competencias. A veces, se siente tan desamparado o angustiado que se pone a funcionar más lentamente como una persona que se deprime, y para un niño funcionar así significa dejar de crecer y volver a una etapa anterior. En este caso, la regresión es aún más pronunciada: el niño se porta mal en la mesa, se vuelve torpe o juega a juegos que había dejado atrás. Entonces hay que tranquilizarlo respecto al afecto que se le tiene. Se le puede decir algo como: «No te voy a querer menos porque llega este bebé. Con cada hijo es como si creciera un nuevo corazón dentro de la madre, y así yo tengo suficiente amor para dar a cada uno de mis hijos sin quitarles a otros. No es necesario que vuelvas a ser pequeño para que yo te quiera. Al contrario, estoy muy contenta de que crezcas, y cuanto más crezcas en tu cabeza y en tu cuerpo, más te querré, porque los corazones que te digo crecen al mismo tiempo que los niños. Claro que voy a pasar tiempo con el bebé, porque no se puede desenvolver solo tan bien como tú, pero el tiempo que le dedicaré no será tiempo que te quite a ti. Es un tiempo que habría pasado con mi nuevo compañero o en mi trabajo o con mis amigas o en mis actividades de ocio. Además, si quieres, podrás ayudarme a cuidarlo, y así aprenderás cómo se hace por si cuando seas mayor tú también tienes uno».

Le recordaremos cuánto nos ocupamos también de él. Le enseñaremos fotografías o grabaciones de vídeo para que se vea de bebé con nosotros. Si sigue expresando celos, le diremos que siempre tendrá una ventaja con respecto a su hermanito, que él sí que habrá tenido a su madre para él solo todo este tiempo, mientras que el bebé la tiene que compartir desde que nace.

También es un buen momento para regalarle un muñeco con el fin de que tenga su propio «bebé» y haga con él lo que le plazca. Si el niño pega al bebé, por ejemplo, dándole un poco bruscamente uno de sus juguetes, le diremos que un bebé es frágil y que, de momento, es demasiado joven para jugar con él. Le explicaremos que no le debe hacer daño y que hasta que el bebé no haya crecido un poco puede jugar con el muñeco. Finalmente, no está de más decir al niño que no nos divorciamos con la intención de tener al bebé (los niños a veces tienen una visión exagerada de los acontecimientos), sino que sólo es el fruto de su amor con su nuevo compañero, y que el hecho de que él sienta o no amor por el bebé no cambiará nada de lo que nosotros sentimos por el nuevo compañero.

□ **Cuando es la madrastra quien está embarazada**

Las reacciones de los niños pequeños suelen ser mucho menos intensas. Por otra parte, algunos, mal informados del papel que desempeña el padre en la concepción, no entienden que el nuevo niño sea un hermano —o hermanastro— igual que si lo hubiera llevado su madre. Para ellos es el hijo de su madrastra, y si despierta el interés de su padre es porque la quiere a ella. Para los demás niños, el bebé los sustituye al lado de su padre, si a este lo ven los fines de semana alternos.

Puede suceder que el padre se dedique mucho más al recién nacido que a su primer hijo, por el hecho de tener una experiencia mayor de la paternidad. No se tiene la misma madurez a los 25 años que a los 35, y la madurez es fundamental en la función de padre. Es posible que el niño experimente resentimiento, sobre todo si imagina que su padre lo ve menos que su madre por decisión propia. Los padres no deben dudar en reconocer que no se han ocupado tanto del hijo mayor cuando era bebé como del nuevo hermano. Los niños tienen una buena memoria de corazón y se les puede decir honestamente: «Cuando eras un bebé no me atrevía a ocuparme de ti. Pensaba que sólo las mamás sabían y podían ocuparse de los bebés. De pequeño nunca me enseñaron a hacerlo. Y en esa época yo trabajaba mucho para poder comprar todo lo que tú podías necesitar. Me ocupaba de ti trabajando fuera, pero tú no me veías. Me sabe mal no haber pasado más tiempo contigo cuando eras bebé, pero tu madre se ocupaba muy bien de ti cuando yo no estaba. De todas formas estoy muy contento de que seas mayor y me siento orgulloso de que seas mi hijo. Si quieres, me puedes ayudar con el bebé cuando estemos juntos y así también aprenderás para cuando seas mayor; serás mejor padre que yo y verás lo que me habría gustado hacer contigo cuando eras un bebé. Y, además, es una oportunidad para hacer juntos algo agradable».

Recibí en la consulta a Román, de 5 años. Lo había traído su madre preocupada por el deseo de Román de ser una niña. Quería ponerse faldas, reclamaba juguetes de niña y, lo más inquietante, decía que quería un «pito» de niña. Me pareció claro que su deseo se remontaba al nacimiento de Clara, la niña que su padre había tenido con su nueva compañera sentimental. El padre de Román veneraba tanto a la niña que el niño, que no veía suficientemente a su padre para sentirse tan apreciado por él como su hermana, se imaginaba que lo que su padre esperaba de él era que fuera una niña. Unas sesiones con el padre permitieron deshacer el malentendido y Román recuperó la alegría de ser un varón.

☐ La importancia del territorio

Cuando el bebé crece, paralelamente a los vínculos fraternales que se van tejiendo, coexisten sentimientos de celos en ambos lados. No nos queda otro remedio que aceptarlos y acordarnos de que nosotros mismos los pasamos de pequeños con nuestros hermanos o primos.

En una situación de divorcio, una manera de atenuarlos es tener en cuenta los territorios. Suele haber más problemas en la casa donde el niño convive menos tiempo, es decir, habitualmente, en casa del padre. El hijo más joven percibe al mayor o a los mayores como intrusos que llegan regularmente para modificar su ritmo de vida e, incluso, a veces para dormir en su habitación. Los mayores no siempre tienen su propio lugar en casa de su padre, ya que, cuando no están, su habitación pasa a ser estudio, habitación de amigos o sala de juegos. Si por razones materiales los mayores no pueden tener una habitación propia, sería bueno que, como mínimo, tuvieran un espacio propio, su rincón o un armario que puedan cerrar con llave para guardar sus cosas personales. En el cuarto también tendrían que poder encontrar sus cosas en un espacio especialmente reservado para ellos. No se debe dudar en marcar con una etiqueta los objetos personales y prendas de vestir que el niño dejará en casa de su padre o buscar una manera de distinguir su ropa y sus cosas (sábanas, toallas, servilletas, el tazón para desayunar, el vaso para lavarse los dientes...). La presencia de estos efectos personales que nadie podrá tocar servirá de garantía para mantener su lugar en el seno de la familia mientras se halle ausente. Por otro lado, el padre, guardián de ese lugar, no dudará en dedicar un tiempo individual a cada uno de los niños, un paseo, una actividad, una conversación informal.

Los hijos del otro: el punto de vista del niño

Elisa tiene 12 años. Vive una semana en casa de su padre y una semana en casa de su madre siguiendo una modalidad de custodia compartida. Su padre se ha casado con Marisa, madre de Celia, de 10 años, y de Marcos, de 8. Elisa y Marisa no se llevan nada bien. Marisa la trata de «niña mimada» por su madre y está convencida de que quiere romper su matrimonio. De hecho, se niega a ocuparse de ella y en la mesa sirve a sus hijos, pero no a ella. Por otro lado, Elisa y Celia se llevan muy bien, a pesar de que Marisa, según me explica Elisa, se mete constantemente en sus conversaciones y toma partido.

Existe una especie de solidaridad entre hijos de padres separados; la situación común que les toca compartir crea vínculos. He podido constatar que la modalidad que desemboca de forma más natural en este tipo de armonía es la cohabitación a tiempos iguales en ambas casas, es decir, cuando los niños viven juntos la mayor parte del tiempo, cuando cada miembro de la nueva pareja se beneficia de la guarda y custodia exclusiva. Lo que dificulta la cohabitación es que los hijos del padrastro, por ejemplo, vayan a pasar los fines de semana alternos trastocando los hábitos de vida de los niños presentes durante toda la semana. Es importante decirles y repetirles a los niños que los hijos del otro no son responsables en absoluto de la separación de sus padres y que ellos también habrían preferido que no sucediera así.

☐ Conflictos y alianzas

Cuando surgen conflictos entre los hijos de dos uniones distintas, lo mejor es procurar averiguar su raíz. De todos modos, no hay que preocuparse demasiado si unos meses después de formar el nuevo hogar surgen peleas entre los hijos de cada miembro de la pareja. Para ellos, enfrentarse discutiendo o peleándose es una forma como cualquier otra de conocerse y, luego, de confraternizar mejor. De hecho, es fácil que surjan alianzas entre niños de padres distintos contra otros niños de la misma familia recompuesta: los chicos contra las chicas o los pequeños contra los mayores. Si las discusiones se alternan con abrazos y juegos compartidos significa que se trata de un modo normal de relacionarse entre niños. El peligro sería que cada padre se presentara como el abogado de sus propios hijos y diera sistemáticamente la razón a unos en contra de los otros. En los momentos de calma, conviene dictar reglas acerca de las discusiones y las peleas. Está permitido discutir, empujarse o jugar a pelearse, pero, en cambio, no están permitidos los puñetazos. A menudo, los niños llaman a los adultos para que juzguen unos conflictos que no han presenciado. En vez de castigar a los dos niños sin tratar de comprender lo sucedido, ¿por qué no darles la oportunidad de expresarse (siempre va bien explicar lo que se siente) y consolarles a ambos para luego proponerles una actividad que les distraiga?

Puede ocurrir que la falta de buen entendimiento tenga su origen en las disputas parentales. Ciertos niños pueden vivir como una prohibición el llevarse bien con los hijos del padrastro o de la madrastra, se encuentran presos de un conflicto de lealtad hacia su propio padre o madre, que critica al padrastro o la madrastra. Hay que decir claramente al niño que no debe entrometerse en las discordias entre adultos, que son conflictos entre esposos o ex esposos y no entre padres. El niño tiene que vivir su vida de niño.

☐ **Recordar los vínculos de filiación**

Con los niños más jóvenes, en vistas a limitar los malentendidos y las discordias, es importante definir bien quién es quién. Constato con sorpresa que, a menudo, existe una gran confusión en la cabeza de los pequeños sobre los vínculos de filiación en el seno de la familia recompuesta. Merece la pena tomarse el tiempo de explicar al niño la naturaleza de los vínculos que los definen a cada uno en sus relaciones con los demás. Resulta muy útil elaborar con el niño un árbol genealógico centrado en él e, incluso, colgarlo en su habitación, al lado del calendario y del despertador, como un punto más de identificación. Esto conlleva mencionar a los parientes con quienes el diálogo se ha roto definitivamente, diciendo, por ejemplo, algo así como: «Yo, tu madre, tengo un hermano menor, se llama Vicente y es tu tío, pero no lo has visto nunca porque estamos enfadados y no nos hablamos desde antes de tu nacimiento. De todos modos, no tiene nada que ver contigo». Si el niño pregunta sobre los motivos del conflicto y expresa su deseo de conocer a su tío, pero para nosotros es demasiado complicado, le podemos decir simplemente: «De momento no me siento capaz, quizás más adelante. Si lo quieres conocer, tú mismo lo podrás intentar cuando seas mayor, es decir, a partir de los 18 años». Ayudar al niño a estructurarse en su nueva familia también significa diferenciar entre hermana y hermanastra, por ejemplo. Le explicaremos al niño quién creció en la barriga de quién y quién aportó la «semilla» de hombre. Se le precisará que la madre de su madrastra es una abuela «nueva», pero que no tiene ni los mismos derechos ni los mismos deberes que su abuela, aunque puede cuidarle perfectamente, si él está de acuerdo. Los niños tienen un pensamiento concreto. Para ayudarles a ubicarse se les puede decir quién manda sobre quién y quién hereda de quién. Aunque puede parecer trivial, esto es fundamental para que el niño entienda las reglas de la filiación y pueda ubicarse bien en el seno de la nueva familia. Disipa muchos malentendidos.

    La madre de Julia y el padre de Clara viven juntos. Las niñas comparten a menudo el mismo techo y pasan muchas vacaciones juntas. Su relación está dominada por la animosidad. Clara me explica que no soporta que Julia trate de robarle a su padre. Además, debido al sistema de guarda y custodia, Julia pasa más tiempo que Clara con el padre de esta. La niña se acuerda de que su padre había dicho a la madre de Julia en el curso de una conversación banal: «Quiero a Julia como a mi propia hija». Y Julia (cuyo propio padre no está muy presente) a veces llama «papá» a su padrastro. Cuando explico a Clara que Julia nunca heredará de su padre y que él tan sólo tiene autoridad parental sobre ella, siente un gran alivio. El derecho la protege de los decretos del corazón. Su padre no puede divorciarse de ella por su hijastra, tal como había hecho con su madre por su madrastra.

☐ Prohibir el incesto

Y, por último, una no menos importante cuestión: una vez bien definidos los vínculos de filiación de la familia recompuesta, se debe aclarar la prohibición del incesto entre los miembros de una familia recompuesta, incluso sin que haya sangre común.

Recuerdo que visité a Julián, de 14 años, que se peleaba casi a diario con el hijo de su padrastro, Miguel, que tenía su misma edad. Los padres no aguantaban más y no lograban regular su hostilidad. El tamaño del apartamento no permitía que cada uno tuviera su propia habitación. Julián y Miguel vivían casi siempre juntos, ya que la madre de Miguel había muerto y Julián sólo iba a casa de su padre los fines de semana alternos. Se conocían desde los 7 años, pero las pequeñas broncas del principio se habían convertido en destructivas luchas de poder a los 13 años. Se le propuso entonces a Julián que fuera a vivir a casa de su padre, pero por cuestiones materiales este último no lo podía recibir y a Julián no le apetecía mucho la idea. Aparte de esas discordias, el ambiente en la familia recompuesta era bueno. Las relaciones entre los padres de Julián y la familia de Miguel eran cordiales. En las sesiones con Julián y con Miguel, individuales, porque no querían acudir juntos, observé que las peleas que mantenían escondían mucho deseo. Existía una atracción recíproca entre ambos adolescentes y, aunque no tuvieran una clara conciencia de ello, se defendían pegándose desde la pubertad.

Encontramos este tipo de problemas entre hermanos y hermanas cuando el pudor y la intimidad no se respetan o cuando la prohibición del incesto no ha sido expresada en términos claros. Es la razón por la cual en las sociedades tradicionales se separa a hermanos y hermanas cuando alcanzan la pubertad. En ciertas tribus melanesias, la tradición obliga a los hermanos y hermanas a insultarse cuando se cruzan.

También hay que enseñar la prohibición del incesto a los niños que crecen dentro de una misma familia. Se trata de una prohibición que no sólo está ligada a los hermanos de sangre: hay que enseñar a los niños que las relaciones amorosas están prohibidas entre los niños que crecen juntos «como hermanos». La prohibición del incesto concierne a los hermanos de leche, pero también a la niñera (puede ser que el niño pequeño que ya ha entendido que no podrá casarse con su madre piense, en cambio, que sí podrá hacerlo con su niñera; entonces hay que decirle: «No te podrás casar con ella, ni ahora ni dentro de mucho tiempo, porque ella te ha criado un poco como si fuera una madre»). Fui directo al inconsciente de Julián y de Miguel y les expliqué que el deseo de conocerse física o amorosamente era algo que no estaba permitido entre personas que se crían en una misma familia, independientemente de su sexo. Y añadí que, cuando tuvieran la edad adecuada, serían libres de hacerlo con personas extrañas a la familia de sangre o recompuesta. Una vez edificada la barrera de la prohibición del incesto, Julián y Miguel volvieron a encontrar una relación pacífica y fueron capaces de pelearse y quererse como hermanos.

□ Preservar la intimidad de cada uno

Los temas de territorio también son cruciales, en particular si los hijos de los padres y de los padrastros tienen que dormir en una misma habitación. Es importante que cada niño posea un rincón propio, representado, por ejemplo, por un arca para los juguetes o un mueble donde guardar sus cosas personales y dejarlas en su ausencia con la seguridad de volverlas a encontrar a la vuelta. Si el mueble se puede cerrar con llave, mejor. El niño deja una parte de sí mismo con sus objetos y así espera garantizar la permanencia de su lugar al lado de su padre o madre, permanencia que está amenazada si la conservación no está asegurada. Los garantes han de ser los padres y los padrastros. No hay que dudar a la hora de pegar etiquetas para designar los lugares, estanterías o cajones de cada uno. Sería ideal diferenciar también las sábanas y las toallas mediante colores distintos. Puede parecer pesado al principio y un poco rígido, pero, pongámonos en su lugar, seguro que no nos haría ninguna gracia dormir en las mismas sábanas que el nuevo cónyuge de nuestro ex.

La definición de su territorio y la preservación de sus bienes son requisitos sine qua non para evitar la confusión en el niño y para limitar los conflictos entre los niños y ahorrarles un malestar permanente. Los padres de familias recompuestas no deben tomarse a la ligera las reivindicaciones sobre los objetos personales. Han de darle toda la razón a Claudia, de 11 años, cuando pide que Tomás, de 8, hijo de su padrastro, deje de cogerle los cómics sin su permiso cuando ella no está. Asimismo, habrá que definir los turnos para ir al cuarto de baño, repartir las tareas (como poner la mesa o quitar los platos) y respetar los turnos de palabra. Se podrá, incluso, redactar un código o carta familiar al efecto.

8
Reacciones de los niños y consejos para padres

Mi hijo está triste

La separación estaba en el aire desde hacía mucho tiempo en casa de Luis, de 12 años, y sus padres. Hacía varios años que Luis temía que ocurriera. No fue una sorpresa para nadie, pues en el fondo era el arreglo de un conflicto ancestral arraigado en la historia de las dos familias. Sin embargo, Luis reaccionó con una profunda tristeza. Para él era algo posible, pero mediante la representación mental permanente de la idea conservaba la ilusión de controlarla. Una idea siempre presente, visible, pero mantenida a cierta distancia; no creía realmente que se pudiera realizar. Cuando, a pesar de todo, ocurrió fue para él como si la pesadilla se volviera realidad y como si cupiera la posibilidad de que todas las pesadillas nocturnas pudieran un día volverse realidad.

☐ No hay divorcio sin pérdida

Lo que ocasiona tristeza en el niño cuyos padres se separan es la pérdida. Independientemente de la edad, el niño pierde la presencia conjunta de sus padres, así como sus hábitos de vida. Cuando al divorcio se asocia un cambio de casa pierde también su entorno social. Además de real, la pérdida también es simbólica. El niño pierde la representación de sus padres reunidos por un vínculo de amor alrededor suyo, pierde la ilusión de la eternidad del amor como muro de contención, particularmente contra la angustia de la muerte. Cuando la tristeza pesa mucho, cuando dura demasiado tiempo (cada día durante más de dos semanas) puede ser el signo de un estado depresivo. Raras veces se expresa de forma directa. El niño no dirá espontáneamente que está triste. Es incluso es frecuente que lo niegue si se lo preguntan, puesto que su tristeza a menudo implica cierto reparo hacia los padres, en quienes ya no confía del todo. Su sentimiento de abandono y la idea de que no interesa a los demás, de que no es suficientemente válido para justificar que sus padres continúen juntos, hacen que ni intente desahogarse. Puede vivir su tristeza con sentimiento de culpa y el temor de preocupar a sus padres. Efectivamente, se puede sentir culpable de añadir algo negativo al clima familiar y a los problemas de sus padres, sobre todo si se cree responsable, en parte, del divorcio. Entonces callará su pena e, incluso, mostrará una fachada de alegría. Y a ello hay que añadir el hecho de que los conflictos paternos dejan menos lugar para el desasosiego del niño.

□ Captar los síntomas

Su tristeza se nota, sobre todo, en la pérdida de interés y de placer, bien en sus actividades escolares, bien en las de ocio. Se cansa rápidamente de todo y pasa la mayor parte del tiempo delante de la tele o con sus videojuegos. Se aburre y nunca está satisfecho. Con los demás niños puede reproducir los conflictos intrafamiliares y en los informes aparecerá como un niño agresivo y que busca conflictos. Puede verse marginado por los demás compañeros y convertirse en un chivo expiatorio. Finalmente, no expresará su tristeza porque no dispone de las palabras adecuadas para hacerlo. De hecho, para él, esta vivencia depresiva es algo nuevo, algo nunca sentido anteriormente y, por lo tanto, algo difícil de verbalizar. Los padres podrán descifrarlo en el aspecto ausente de su hijo. Su cara está seria, es poco expresiva, y las lágrimas saltan a la más mínima ocasión. Sin embargo, cuando los propios padres están sufriendo a causa de la separación, suelen estar poco receptivos a todo ello. Los niños tristes por la separación de sus padres no siempre les harán partícipes de su aflicción, pero, a veces, sobre todo los más pequeños, buscarán afecto por todas partes, de una forma incesante y desorganizada que podrá provocar rechazo en su entorno. Expresen o no su tristeza, en la mayor parte de los casos, tienen un sentimiento de exclusión. Se sienten poco queridos por unos padres muy ocupados por sus propias dificultades para llevar a cabo la separación y el consiguiente séquito de pena, culpabilidad y angustia. El niño puede tener un sentimiento de impotencia, como si los conflictos familiares lo desvitalizaran. Se desvaloriza, pierde autoestima: «No entiendo», «No sé cómo se hace», «No valgo nada» son frases recurrentes en su discurso.

Cuando se da este sentimiento de desvalorización, los padres deben intervenir y no a la hora de consultar a su médico y pedirle una opinión. Este les podrá derivar a un psicólogo o un psiquiatra infantil. Otros signos asociados a la tristeza (a veces escondida) deben alertar a los padres y requieren una opinión médica: cuando el niño pierde sus centros de interés y no le apetece hacer nada, cuando padece trastornos del sueño o el apetito, cuando se pasa los días pegado al televisor y renuncia a sus actividades habituales de ocio. Se propondrá un tratamiento que consistirá en una psicoterapia individual, pero que implicará considerablemente a los padres.

Aunque el suicidio no sea habitual entre los niños menores de 12 años, la idea de suicidarse no es tan rara entre los niños que sufren por la separación de sus padres. Entre los más jóvenes, el deseo de muerte se esconde tras el deseo de cambiar de vida, no molestar a nadie o ir a vivir con un abuelo particularmente importante para ellos en el plano afectivo.

Hay que fijarse si el niño comenta alguna vez frases del tipo: «Me gustaría vivir en otro mundo», «Me gustaría ir a vivir con el abuelo» o «Un día me iré de aquí». Tampoco hay que dudar en consultar a un profesional si el niño presenta comportamientos de riesgo o accidentes repetitivos; son signos que traducen un peligroso malestar interno y que requieren tratamiento.

□ La depresión es un mal contagioso

La tristeza depresiva en un niño víctima de la separación de sus padres a menudo es el eco de la tristeza de su padre o de su madre. El niño hace de portavoz de la tristeza de sus padres, y su propia tristeza es consecuencia de la de sus padres. Los padres deprimidos —en particular la madre, puesto que generalmente es ella quien está más cerca del niño pequeño en su vida cotidiana— pueden estar físicamente presentes, pero psicológica y afectivamente ausentes, a causa de su propia depresión. El niño no reconoce a su madre y esta «pérdida» origina una depresión en él. Es la razón por la cual la tristeza del niño se cura tratando al mismo tiempo la tristeza de los padres, sobre todo la de la madre.

☐ Qué actitud adoptar

Los padres no deben trivializar la tristeza de su hijo ni considerar que, como está intrínsecamente ligada a la separación, se curará con el tiempo. Si se diagnostica depresión en el niño será importante protegerlo de los conflictos y, por ejemplo, confiarlo a sus abuelos. También lo será mostrarse menos exigente con él y limitar los reproches en referencia a algo que sabía hacer correctamente antes y ahora ya no hace. Los padres en situación de divorcio son menos tolerantes, más irritables, a causa de sus propias dificultades, angustias o tristeza, y se muestran más severos que antes. Los profesores deberán ser avisados de la nueva situación familiar para que puedan aliviar la presión escolar y hacer que todos los adultos de la escuela se fijen más en las relaciones del niño con sus compañeros. De hecho, estos últimos podrían tener la tentación de comportarse agresivamente con el niño. Los propios adultos tienden a forzar al niño, por temor a que se abandone, pero esto constituye un error. El niño triste tiene que recibir tolerancia, ternura, comprensión, paciencia, vigilancia, atención y palabras que le tranquilicen acerca del afecto de los suyos. La separación de los padres puede ser un verdadero trauma para un niño y hay que permitirle hibernar durante un tiempo, recogerse en sí mismo para recuperarse.

No reconozco a mi hijo

A veces los padres constatan una transformación radical de las actitudes de su hijo durante el divorcio. No lo reconocen. Su carácter está totalmente cambiado. Hay cambios que indican trastornos psicológicos, como el aislamiento y el humor triste en el niño deprimido. Evoco aquí cambios que no forman parte de una enfermedad. «Mi hija Constanza, tan tímida y discreta hasta ahora, se ha vuelto completamente extrovertida», me cuenta una madre de familia, en realidad más perpleja que preocupada. «Mi hijo era muy desordenado, iba siempre descuidado, volvía a casa cada día con las manos sucias y la ropa manchada. Ahora se ha vuelto tan limpio que ni se atreve a salir a jugar por miedo a ensuciarse y dedica una cantidad increíble de tiempo a ordenar sus cosas», me explica otra madre. El caso de Edgar ilustra también otra de las mutaciones que se pueden producir después de una separación. Sus padres lo envían a mi consulta porque, aunque no han observado un verdadero sufrimiento, tienen la impresión de que su niño es otro. Antes de la separación, Edgar era un niño muy cercano a sus padres, pero, desde la separación, parece alejarse. Edgar, que era tan dependiente, ahora tan sólo les dirige la palabra para meras cuestiones de intendencia, para pedirles permiso para salir o dinero. Parece haber perdido el interés por ellos y ya no les pregunta nada. Ha renunciado a todas sus anteriores actividades de ocio (era un niño deportista) y sólo se dedica a los juegos virtuales. No ve a la misma gente, pasa el tiempo con niños que comparten su nueva pasión y nunca va con sus amigos de la infancia.

◻ **Una construcción debilitada**

Los conflictos que a menudo preceden a la ruptura parental durante varios años y que la acompañan tienen consecuencias importantes sobre la personalidad del niño, que se construye, en gran parte, imitando a sus padres e identificándose con ellos. Su personalidad se elabora a partir de rasgos de carácter, de gustos conscientes e inconscientes de sus padres, de sus maneras de pensar, creencias, ideales y comportamientos... El niño integra el vínculo de amor que une a sus padres, así como los vínculos que unen a todas las personas de su entorno con las cuales también se identifica (familia, amigos de la familia, educadores, etc.). Son estos vínculos los que aseguran la cohesión de los distintos elementos que el niño va cogiendo de aquí y de allí y que luego compondrán su propia individualidad. Determinan el plan de montaje de los elementos de su personalidad en construcción. La pequeña Laura aceptará que cohabiten en ella la racionalidad de su madre y la inteligencia emocional de su padre, porque sus padres se quieren y aprecian estas cualidades el uno en el otro. Si se dan conflictos durante un periodo largo, sobre todo en la primera infancia, la personalidad del niño sufrirá las consecuencias. Puede derivar en una falta de cohesión que, en las situaciones más graves, alcanzará el estado de desarmonía evolutiva infantil, es decir, un trastorno del desarrollo que puede afectar a los campos del lenguaje, la lógica, la capacidad de análisis, la motricidad, etc. Los ámbitos afectados dependen de la historia propia de cada niño. Es así como Leticia, de 6 años, perdió todas sus competencias musicales como consecuencia de las crisis relacionales entre sus padres, abandonando un plano de identificación con una habilidad de su madre, después de imaginarse, por extrañas correspondencias, que su padre rechazaba la sensibilidad musical de esta. Seguramente, la niña había percibido intuitivamente que, cuando su madre tocaba el piano, se escapaba, soñando despierta, hacia brazos y parajes amorosos que no eran los de su marido. Por otra parte, Leticia había dibujado un «barco-piano» navegando en el mar bajo un cielo tormentoso (ira paterna)... Está claro que había interpretado la música como un factor de alejamiento entre sus padres y que había considerado su propia sensibilidad musical como una amenaza para su cohesión interna. Al lado de este abandono y como para ocupar el sitio vacante en términos de inversión afectiva, un gusto por la comida empezó a desarrollarse en ella hasta el punto que cogió un exceso de peso. La cocina era el campo en el que destacaba su padre. Normalmente era él quien cocinaba en casa, y su madre sabía apreciar y saborear este talento. La cocina se había convertido en el único espacio de paz y armonía de la pareja.

En general, los destrozos y los enredos ocasionados por la discordia en los vínculos de identificación debilitan el conjunto, lo cual se traduce en una carencia permanente de seguridad interna en el niño y ocasiona una falta de confianza en sí mismo, estrés o angustia, que se expresan de distintas maneras (trastornos del sueño, migrañas, dolores abdominales, hiperactividad, dificultades de concentración, etc.). Si no reciben el tratamiento adecuado, estos trastornos pueden persistir en la edad adulta.

◻ **La ocasión de un nuevo comienzo**

Afortunadamente, el sufrimiento no siempre se hace presente. Hay niños que tienen una gran capacidad de resiliencia y que se reconstruyen bastante rápidamente después del terremoto en su proceso de identificación, terremoto que, por regla general, acompaña la separación de sus modelos de identificación. Entonces prevalece un nuevo plan de montaje definido por las nuevas realidades, por la pérdida de ciertas ilusiones o creencias y por la nueva percepción que el niño tiene de sus padres, de su personalidad y de su funcionamiento íntimo, todo a la nueva luz de la ruptura del vínculo conyugal. Para algunos niños casi se trata de una pubertad psicoafectiva antes de hora con un desinterés por las imágenes parentales. Es como si el niño realizara una mutación, especialmente porque la organización psíquica iniciada en el momento edípico está siendo retocada y se está instalando una nueva organización psicoafectiva con una modificación de los mecanismos de defensa psicológica. Es así como asistimos a la reaparición de lo inhibido. Durante el desarrollo psicológico normal se rechazan en el inconsciente ciertas representaciones mentales que perturban la conciencia (pueden dar lugar a deseos «inaceptables»).

☐ La historia de David

David había inhibido todos sus deseos exhibicionistas. Hay que tener en cuenta que ciertas formas de exhibicionismo son normales en los niños de 3 a 5 años, pero la educación y el complejo edípico hacen que el niño los inhiba. David había inhibido totalmente la dimensión extrovertida de su carácter. En su deseo inconsciente había asociado el exhibicionismo del cuerpo con el de los sentimientos. Después de haber sido un niño muy exuberante y extrovertido, David se había convertido, a partir de los 7 años, en un niño demasiado calmado, tímido, muy discreto y globalmente introvertido. La repentina separación de sus padres trastornó su construcción. Era como si la unión de sus padres hubiera sido la viga maestra de su organización edípica; una vez rota dicha viga, se hundió el conjunto y se produjo una fractura en la psique del niño que hizo resaltar los deseos inhibidos, permitiéndoles volar libremente como pájaros escapados de una jaula por fin abierta. Puesto que con sus 10 años había integrado correctamente la norma social, retuvo sus pulsiones puramente exhibicionistas (sólo parcialmente; algunos profesores siguieron señalando unas actitudes al límite) y, en cambio, su timidez dio paso a un temperamento expansivo, comunicativo, y a un comportamiento demostrativo. Su nueva exhuberancia sorprendió a todo el mundo.

☐ La historia de Ángela

Ángela es una niña de 8 años anteriormente caracterizada por una propensión excesiva al ensueño. No era una alumna especialmente brillante por culpa de su constante distracción en clase y tenía pocas amigas, ya que prefería sus compañeros imaginarios a las amigas reales. Podía pasar tardes enteras en su habitación con sus juguetes. Su actividad mental estaba más ocupada en cultivar el ensueño que en fijarse en el mundo que la envolvía. Esta había sido su manera de escapar de cualquier sufrimiento relacionado con la adaptación a los principios de realidad. Permanecía bien anclada a los principios de placer que prevalecen en la edad materna y pasaba cuanto más tiempo mejor en su mundo quimérico. Ángela negaba la realidad por la fuerza de sus fantasías. Concretamente, se inventaba otra familia y sus padres eran estrellas televisivas. Pero la separación inesperada de sus padres la hizo volver brutalmente al mundo real. Refugiarse en los sueños resultó ser una respuesta incapaz de protegerla del estrés enorme que la separación había provocado. La ruptura rasgó el velo de su mundo imaginario. Ángela dejó el mundo de los sueños, puso límites a su imaginario y cambió totalmente. De llegar siempre tarde pasó a ser puntual y de estar siempre en la luna, a ser una niña atenta y concentrada. Ahora Ángela está siempre alerta y parece querer ejercer un control sobre todo lo que la envuelve. En vez de controlar sus sueños, procura controlar su vida, porque, según ella, sus padres, antes guardianes de sus sueños, han perdido este control.

☐ La formación reaccional

También se dan casos de inversión de actitudes de formación reaccional. La formación reaccional es un mecanismo psíquico utilizado en el momento de la organización edípica y que en la psique del niño consiste en transformar unas tendencias inaceptables en las tendencias opuestas, que, supuestamente, se convertirán en rasgos de carácter permanentes. Así, Francisco, sucio, desvergonzado y agresivo a la edad de 4 años, se vuelve todo lo contrario a partir de los 6, es decir, se convierte en un niño disciplinado, estudioso y cuidadoso. Lo que define dicho mecanismo es la rigidez y el aspecto estereotipado de la personalidad resultante. Francisco no tolera ningún fallo en su comportamiento. El divorcio de sus padres le hizo perder sus puntos de referencia y tuvo un impacto suficiente para romper la construcción de la formación reaccional. Durante un periodo largo volvió a tener la actitud rebelde, descuidada y alborotadora de su primera infancia. No obstante, el trabajo psicoterapéutico le permitió encontrar un equilibrio saludable entre sus dos tendencias opuestas y, finalmente, adquirir una mayor flexibilidad de carácter.

Estos cambios de carácter y comportamiento demuestran la importancia del impacto que producen las disensiones entre los padres. Por otro lado, demuestran también que los niños tienen una gran capacidad de adaptación. Se trata de vigilar que las reconstrucciones no se hagan en detrimento del equilibrio del niño. En caso contrario, no hay que dudar en solicitar una opinión especializada.

Padece trastornos relacionados con la alimentación

☐ Pierde el apetito

La pérdida de apetito en un niño que acaba de saber que sus padres se separan es una reacción que he constatado en numerosas ocasiones. En un primer momento, el niño seleccionará su comida y decidirá que tal o cual alimento ya no le gustan. Preferirá alimentos fáciles de digerir: pasta, puré de patatas, patatas fritas o *pizza*. Volver a los alimentos fáciles de consumir es una forma de regresión. El niño funciona al ralentí en el plano alimentario siempre que vuelve a una etapa inferior de su desarrollo y así gasta menos energía. Ahorra fuerzas para compensar el gasto energético asociado al estrés de la separación y de las consecuencias que dicha separación tiene para él.

Cuando un niño pierde el apetito por la comida a veces es porque pierde el apetito por la vida, y esto traduce una tristeza profunda. Cuando se produce en presencia de un solo progenitor puede ser una forma de oposición o de protección hacia el padre en cuestión. El niño expresa, por ejemplo, el resentimiento de no ver suficientemente al otro progenitor o cree que este es responsable de la separación. Cuando uno de los padres está muy angustiado o deprimido, el niño pequeño puede rechazar los alimentos que le prepara como evitando absorber su angustia a través de la comida.

Por supuesto, lo primero que hay que hacer frente a un comportamiento de disminución de régimen alimentario es tranquilizar al niño. No se trata de convertir la comida en una prueba de fuerza, y se pueden tolerar algunos caprichos a la hora de comer. Es positivo reconocer el estrés del niño y decir, por ejemplo: «Ya lo sé, mamá está triste y pierde mucho los nervios últimamente, sé que no me reconoces, pero ya me pasará, tranquilo. Mientras tanto, tu padre y yo, y toda la familia, seguiremos queriéndote y animándote a crecer en tu cuerpo». Me acuerdo de un padre cuyo hijo de 3 años se negaba a comer con él cuando lo tenía el fin de semana. Le aconsejé que colgara una foto de la boda en la cocina, puesto que cuando era bebé el niño había sido alimentado exclusivamente por su madre y necesitaba una imagen evocadora.

De forma general, en caso de dificultades con la comida después de una separación parental, se pueden organizar, según las posibilidades, comidas con otras personas (amigos del padre o la madre, amigos del niño, otros familiares), o bien se puede comer fuera (en el restaurante) para volver a dar un aspecto festivo a las comidas. Finalmente, se puede implicar al niño, incluso si es muy joven, en las actividades de la cocina, para que vuelva a tener un control sobre lo que se le da de comer y para darle la posibilidad de cortar el cordón umbilical que él imagina que todavía le une a su madre cuando ella le da de comer. El interés por los alimentos debe guiarnos menos que el peso del niño. Hay niños que después de una separación pierden el apetito, pero cuyo metabolismo también funciona al ralentí y siguen cogiendo peso. En caso de pérdida de peso hay que consultar con el médico inmediatamente.

□ Se refugia en la comida

Después de una separación, el niño puede no expresar nada en términos de tristeza y reaccionar ingiriendo más comida (hiperfagia). Puede empezar a picar todo el día y, eventualmente, volverse bulímico. Todo sucede como si buscara llenar el vacío que le invade. El vacío corporal sustituye el vacío afectivo por el que pasa su vida. Siente una ruptura en la continuidad de su ser por el desgarro entre sus dos modelos de identificación. Vive la pérdida de los elementos constitutivos que formaban su personalidad. Llenarse de alimentos es entonces un intento inconsciente de volver a encontrar sus «objetos» perdidos.

Sara, de 10 años, que vino a mi consulta por un comportamiento bulímico, llevaba varios años viviendo con unos padres que se peleaban continuamente. Razones materiales y motivos religiosos impedían que un divorcio pusiera punto final a los incesantes conflictos. Esto llevaba a la niña a una actitud global de aislamiento; tenía pocas amigas y siempre se ocupaba sola de sus cosas. El comportamiento bulímico de Sara empezó con las primeras disensiones parentales. Me explicó que tenía la impresión de que comiendo satisfacía a sus padres, como si se mostrara saludable a sus ojos, porque, de hecho, es así como se percibe a un bebé que tiene buen apetito. «Cuando como no pienso en nada más y no me acuerdo de mis problemas con mis padres. Es el único verdadero placer que tengo», me dijo. Un placer como mínimo fácilmente accesible, el placer que sentía cuando, siendo bebé, representaba la felicidad de sus padres reunidos alrededor de su cuna. Sara sustituyó el placer que le podía procurar la relación triangular con sus padres cuando se llevaban bien por un placer oral solitario. Forzada a renunciar a la imagen de sus padres unidos, se liberó de su dependencia hacia ellos a través de una dependencia hacia la comida.

El comportamiento bulímico también es para el niño una manera de volver a tomar el control —«Como, luego controlo»— frente al sentimiento de que todo se le está escapando. En última instancia, se puede interpretar como una forma de recogimiento en sí mismo con autosuficiencia. Los alimentos y el apego a la comida reservan sorpresas menos desagradables que el apego a los padres en un momento en que el niño siente cruelmente la fragilidad de este apego.

Es de vital importancia reaccionar antes de que se instale la obesidad. Resulta inútil regañar al niño cuando lo pillamos comiendo a deshora. La culpabilidad resultante sólo agravaría el síntoma. En cambio, un nutricionista infantil podrá ayudarlo a llevar un control sobre los alimentos en los cuales revierte una fuerte carga afectiva y podrá hacer de mediador entre el niño y el padre que tiene la guarda y custodia exclusiva (el más afectado). Visitar a un psicólogo infantil permitirá al niño encontrar las palabras que necesita para expresar su sufrimiento o darle forma a través de dibujos o figuras de plastilina.

Como padres, podemos ayudar al niño tranquilizándolo una y otra vez acerca de la permanencia de nuestro amor por él y del amor del otro progenitor. Le podremos ayudar a zanjar la pena de otra forma: invitándole a «devorar» libros, animándole a invitar a sus amigos a casa o buscando con él nuevas actividades de ocio que puedan gustarle. Pero, sobre todo, como padre o madre, le invitaremos a expresarse, a decir lo que siente en su interior, pues si come, es también para evitar hablar (no se puede hablar con la boca llena). Esto implica que debemos estar preparados para oír de todo, incluso reproches, y que no debemos reaccionar inadecuadamente, criticando al otro progenitor, por ejemplo, porque así sólo lograríamos que el niño callara aún más.

Se muestra ansioso (miedos, fobias...)

La ansiedad adopta formas diferentes según la edad del niño, su temperamento y la educación que ha recibido. He constatado la presencia de ansiedad en más de la mitad de las situaciones de separación, sean conflictivas o no. La ansiedad es el temor de una amenaza real o imaginaria. Se hace oír antes de la ruptura porque los enfados de los padres inquietan al niño y anuncian lo peor para él. Cuando en casa las cosas están mal surge y se instala la ansiedad. La separación en sí es, a veces, un alivio en la medida en que supone el fin de la violencia conyugal que traumatizaba al niño. Pero el clima de incertidumbre en los momentos que siguen a la separación es un factor de ansiedad.

☐ **Distintos trajes para la misma ansiedad**

El cambio de marco de vida genera ansiedad porque el niño pierde sus referencias. Todavía no sabe con qué frecuencia verá a su padre y a su madre. A menudo, integra las inquietudes de sus padres. Para los mayores existen inquietudes de tipo económico porque, generalmente, el divorcio conlleva un descenso del nivel de vida, sobre todo para las madres. La angustia puede ser generalizada, como en el caso de Marcos, preocupado por cualquier cosa, siempre en estado de alerta y con una necesidad constante de que lo tranquilicen. La angustia se viste con trajes distintos según la personalidad inicial del niño.

Puede ser un estado permanente de inquietud acerca de su propia vida o de la vida de las personas de su entorno. El niño teme que le pase algo a su madre o a su hermana menor, por ejemplo. La angustia también se esconde detrás de quejas somáticas: dolores de barriga o de cabeza, cansancio continuo. También se manifiesta bajo la forma de una irritabilidad permanente o se expresa mediante tics o tartamudeo. Si el niño ya tenía fobias,[2] estas pueden aumentar en frecuencia o intensidad. Nuevas fobias pueden aparecer. Pueden surgir «tocs»[3] como mecanismos de defensa contra la angustia.

Es el caso de Alejandro, de 11 años. Inicialmente, la separación se había decidido en un clima de serenidad, pe-

---

2. Las fobias son miedos injustificados desencadenados por objetos o situaciones. El simple hecho de pensar en ellos desencadena el miedo, como la fobia a los perros.
3. Trastorno obsesivo compulsivo: actividad repetitiva o ritual que el niño se siente obligado a cumplir, aunque sepa que no tiene sentido.

ro conforme se organizaba el divorcio las disputas iban en aumento. Alejandro empezó a seguir rituales cada vez más invasores. En concreto, se prohibía a sí mismo tocar directamente con las manos sin protección todo lo que fuera de cristal y todo lo que se pudiera romper, como platos o floreros. Antes de irse a dormir tenía que seguir todo un programa en un orden preciso: lavarse los dientes, enjuagarse la boca con cinco sorbos de agua, tocar dos veces todos los muebles de su habitación, del más pequeño al más grande, y guardar todos sus juguetes. El objetivo de estos rituales, para el inconsciente de Alejandro, era ocupar su mente con obsesiones, y así evitar la irrupción de la angustia masiva consecutiva al sentimiento de fragmentación y ruptura de todo lo que le ligara con los elementos paternos y maternos. Los rituales también le daban la ilusión de una permanencia de las cosas en su intento de enfrentarse a la desaparición del mundo que se había construido en su cabeza.

☐ **Las tres separaciones que asustan**

La ansiedad de separación es frecuente en estas situaciones. El niño ha visto cómo sus padres se separaban y, a veces, teme que hagan lo mismo con él. Pero, sobre todo, se ha hundido el marco protector formado por la pareja de padres. Para el niño, los vínculos familiares son los pilares de la casa que le protegen psicológicamente. Muchos de sus mecanismos de defensa contra la angustia los ha elaborado a partir de estos vínculos. La ruptura entre sus padres implica, por norma general, una escisión en el seno de toda la familia en sentido amplio (no nuclear); es como si casi todos los pilares se desmoronaran. Sus mecanismos de defensa contra la angustia están fuera de juego y, mientras se elaboran otros nuevos, va a tener que vivir con sus angustias arcaicas de bebé. No soporta el alejamiento de uno de sus padres (generalmente, la madre) o de los dos, ya sea para ir a la escuela, ya sea para hacer actividades lúdicas. Teme estar solo o que le suceda algo a su padre o su madre, según el caso, o asimila el dormirse a abandonar a sus padres y, entonces, tiene dificultades para dormir. La ansiedad puede ser generalizada. Se caracteriza entonces por una tensión permanente. El niño está siempre alerta, se sobresalta con el más mínimo ruido. Se recoge en sí mismo, sale poco y se limita a las actividades que mejor conoce. Huye de las iniciativas. Reacciona al menor estrés de la vida cotidiana o escolar. El porvenir es una fuente de amenazas para él; el pasado, una fuente de remordimientos y lamentos, y el presente es difícil.

El niño incluso puede llegar a temer ser separado de sí mismo. La ansiedad se vuelve masiva y generalizada, y puede entenderse como una amenaza de la identidad que afecta al niño. Cuando el divorcio está asociado a conflictos —que es lo más habitual—, la misma identidad del niño corre peligro. El psiquiatra Maurice Berger[4] escribe: «Para un niño, divorcio rima forzosamente con sufrimiento. No sólo porque debe renunciar a su vida anterior, sino también porque, de repente, se halla puesto en tela de juicio en sus mismos orígenes». No sólo se trata de la tristeza ocasionada por la pérdida, es también una angustia que irá creciendo. El niño se ha construido psicológica, afectiva y socialmente mediante la imitación y la identificación, es decir, tomando como modelo a sus padres en lo más íntimo de su personalidad. Igual que en el plano físico ha combinado los genes de sus dos linajes, en el curso de su desarrollo combinará las maneras de hablar, de compor-

---

4. Maurice Berger, *Mes parents se séparent*, Albin Michel, 2003.

tarse, de pensar, de querer, en fin, de ser, de su padre y de su madre. Para esto, y lo demuestra la práctica clínica, no hace falta que pase mucho tiempo con su padre o con su madre. Sin saberlo, el otro padre transmite las características de su cónyuge y el niño se identifica también con lo que a cada padre le gusta del otro (o, a veces, con lo que no le gusta). Para utilizar las expresiones de Françoise Dolto, un bebé, antes de saberse autónomo a nivel psicológico, se vive como «yo-mamá» cuando está con su madre y como «yo-papá» cuando está con su padre. Luego seguirá tomando de cada uno maneras de ser que se atribuirá y cuyo conjunto, amalgamado gracias al amor que recibe, constituirá su personalidad.

Cuando hay una separación conflictiva, es como si el niño estuviera amenazado en la misma coherencia de esta combinación que determina su personalidad; es un verdadero desgarro interno. Por supuesto, este mismo desgarro existe, aunque no haya separación física, a partir del momento en que hay conflictos importantes entre los padres, conflictos que son aún más violentos cuando los padres viven juntos bajo el mismo techo. Entonces el niño se aferra a la idea de que si sus padres permanecen juntos, el mantenimiento de su coherencia interna está garantizado, y él no será disociado. Es la razón por la cual, aunque existan conflictos importantes entre sus padres, el niño no desea que se divorcien. Además de sufrir una discordancia de sus identificaciones, el niño empezará a dudar de su supervivencia. Sabiéndose fruto de la unión de sus padres, considera la separación como un desarraigo del árbol sobre el cual está creciendo. Amenazado en sus orígenes, teme morir psíquicamente sin la savia de amor necesaria para vivir. En ausencia de conflictos, esta amenaza que pesa sobre su sentimiento de identidad se ve muy atenuada e, incluso, puede no aparecer.

Si hay una separación última que el niño puede temer es la relativa a la muerte. La angustia de la muerte no es rara en un contexto de separación. O bien aparece por primera vez, o bien renace de una angustia de edades anteriores que se había atenuado por sí sola, pero que repentinamente vuelve a brotar mucho más vívida. La explicación es que muchos niños imaginan que sus padres son los guardianes de su vida después de habérsela dado y que solamente ellos se la pueden quitar. Este es sólo uno de los aspectos, sin duda esencial, del poder divino que los niños atribuyen a sus padres. La guerra de los dioses convierte esta protección en caduca. La desidealización parental nacida de los conflictos les hace perder la ilusión narcisista de su invulnerabilidad, de su inmortalidad. Es una toma de conciencia que habría llegado un día u otro, pero que ahora ocurre en un contexto tormentoso, y entonces varios motivos de angustia se yuxtaponen. Además, en una situación así, los padres, por lo general, son poco capaces de enfrentar serenamente la angustia de muerte que invade a sus hijos. Sin embargo, no deben dudar en hablar del tema ni en proponerles sus propias respuestas y las de otras personas.

◻ Cómo proceder

Cuando la ansiedad invade al niño es necesario consultar a un psiquiatra infantil o un psicólogo para que reciba atención especializada y tratamiento. Pero el primer deber de los padres es tranquilizar a su hijo. Para esto, ellos mismos deben escucharlo con atención, fuera de la agitación semanal o diaria, dedicándole el tiempo que haga falta y mostrándose disponibles, por la noche sobre todo, para hablar calmadamente y de manera informal. Se trata de escuchar cómo su hijo expresa sus preocupaciones, sus sueños y sus pesadillas, dejándole hablar sin interrumpirlo precipitadamente; y se trata de buscar soluciones con él preguntándole qué ideas tiene antes de proponerle otras. No implicar a los hijos en las propias angustias resulta fundamental. Aunque a veces parezcan ya mayores para actuar como confidentes, incluso aunque soliciten que se les hagan confidencias, no es este su papel; si lo asumen, absorberán una angustia que no es suya y que les desbordará. Ya han sido testigos, y eso es más que suficiente, de la intimidad de sus padres en el conflicto; no es necesario que sigan tragándose la intimidad de los sentimientos adultos. No se debe otorgar a los niños un papel protector, porque, de hacerlo, creerían que sustituyen al ex cónyuge. Este tipo de responsabilidad resulta ansiógena para el niño, independientemente de su edad. Si el padre o la madre se sienten demasiado mal no deben reparar en confiar a sus hijos a personas que les aporten seguridad, como los abuelos, pero siempre que estos no sitúen a los niños en conflictos de lealtad y siempre que hablen con neutralidad de los padres. Volver a encontrar regularidad en su vida equilibra a los niños. Evidentemente, la calidad de la relación entre ambos padres es el mejor factor de sosiego para el niño ansioso. El hecho de que los padres pueden encontrarse con su hijo para un momento informal (si las relaciones no son demasiado conflictivas), por ejemplo una comida semanal, aporta una gran tranquilidad al niño. Y esto no sembrará ninguna confusión en su cabeza respecto a la separación, que vive con demasiado dolor como para negarla. Los padres que se separan apartando a los niños de los conflictos pueden evitarles la angustia. Sin embargo, no se trata de banalizar las consecuencias de una separación y, de paso, negar al niño el derecho a la tristeza o la inquietud. Finalmente, la calidad de las relaciones de los padres con el niño antes de la separación, a nivel afectivo y educativo, es un componente determinante de cara a un pronóstico. Esto significa que un niño que ha vivido en un contexto de armonía antes de la separación tendrá más facilidades para atravesar sin secuelas el periodo de ansiedad que otro niño sometido a relaciones afectivas caóticas y a desorganización educativa.

Tiene dificultades en el colegio

A largo plazo, el divorcio tiene un impacto negativo en la escolaridad de los niños. Un estudio reciente del Instituto Nacional de Demografía de París, llevado a cabo por el demógrafo y sociólogo P. Archembault, ha analizado el resultado escolar de los hijos de padres divorciados. Ha observado que los niños siempre son penalizados en el caso de una separación parental, sea cual sea su medio social. Se constata un porcentaje más bajo de aprobados en la selectividad y un acortamiento del tiempo de estudios. Algunos factores positivos, como tener una madre que ha estudiado, quedan anulados por la discordia entre los padres y la separación. Hay que precisar que este estudio sobre las consecuencias de la separación no diferencia entre lo que resulta de los conflictos entre los padres y lo que resulta de la separación en sí.

☐ **La ansiedad y sus consecuencias**

En la práctica, podemos observar que una separación o unos conflictos anunciadores de separación provocan dificultades escolares en los niños también a corto plazo. Las razones son múltiples. La ansiedad siempre causa dificultades a este nivel, particularmente la angustia de la separación. El niño focaliza toda su inquietud sobre las personas a quienes se siente vinculado, particularmente sobre sus padres. Cuando están ausentes, por ejemplo cuando él está en la escuela, puede imaginar que les está sucediendo algo grave. Se trata de una inquietud que puede derivar en fobia escolar. El niño se niega a ir al colegio y se resiste con gritos y lágrimas si intentan forzarlo. Puede quejarse de dolores abdominales o de cabeza, o vomitar. Si lo fuerzan puede reaccionar con violencia. También puede simular que accede a ir y se deja llevar para luego escaparse y volver a casa. Es importante no dejar que la fobia escolar se instale y adquiera fuerza, y lo más aconsejable es consultar con un especialista inmediatamente.

☐ ¿Y para qué?

Otra causa de dificultades escolares es el desinterés por todo en general que puede sentir el niño víctima de conflictos parentales. Pierde su dinamismo y su motivación para trabajar, actitud que se detecta más claramente si antes ha sido un alumno aplicado. El niño deja de participar en clase, no levanta la mano, no aprende las lecciones, hace sus deberes en cinco minutos y se deja en casa la mitad del material. El fenómeno se observa también a la hora del patio, en donde el niño juega cada vez menos con sus amigos y se aísla. Es comprensible, ya que su universo se está hundiendo y para él las cosas dejan de tener sentido. Por más que digamos a nuestro hijo que debe estudiar para él mismo y no para nosotros, no nos equivoquemos: sobre todo si es un niño muy joven, trabaja para satisfacernos a nosotros, sus padres, y corresponder a la imagen del escolar ideal que tenemos de él. Sólo a partir de la pubertad los niños pueden tomar las riendas de su escolaridad de manera autónoma. Si las representaciones parentales están perturbadas, el deseo escolar se desvanece. La tristeza agudiza un desinterés que puede ser generalizado. La reacción adecuada no se fundará, de ninguna manera, sobre reproches y actitudes coercitivas. Se tendrá que informar a los profesores de las dificultades que el niño está pasando, porque sería bueno rebajar el nivel de exigencias, como en el caso de un niño enfermo.

Las dificultades de concentración también pueden llevar a un menor rendimiento escolar. La mente del niño vaga y gira en el vacío. En realidad, el niño concentra todos sus pensamientos en su situación familiar y en los posibles medios para mejorarla. La dificultad de concentración puede ir acompañada de una atención dispersa, una imaginación más pobre y un razonamiento ralentizado.

Ciertos trastornos que impiden el aprendizaje, como la dislexia (dificultad en el aprendizaje de la escritura o la lectura) o la discalculia (dificultades en la adquisición y el desarrollo del cálculo), se pueden agravar, si ya existen antes de la separación, o pueden aparecer, determinando claramente el fracaso escolar. Es aconsejable complementar el seguimiento del logopeda con el del psicólogo.

Los trastornos del comportamiento consecuencia de las disputas parentales, como inestabilidad o actitudes de provocación, pueden causar el rechazo del niño por parte de los profesores. Se tendrá que informar de la situación al director de la escuela o a las personas indicadas para que estén pendientes de recordar al niño que debe acatar las reglas y se muestren más benevolentes.

Los malos resultados reforzarán la imagen negativa que el niño tiene de sí mismo y agravarán su fracaso entrando en un círculo vicioso. Es importante que todos los adultos implicados en su escolaridad le tranquilicen acerca de sus competencias mencionando resultados anteriores mejores y valorando distintas cualidades personales.

☐ El impacto de las disensiones entre los padres

Desgraciadamente, la escuela es un territorio de conflictos. La voluntad de cambiar de casa, por ejemplo, está sometida a las exigencias del juez, que pedirá, con razón, que, en la medida de lo posible, no se cambie al niño de escuela. La escuela es uno de los lugares principales donde los padres van a recoger a su hijo: lo lleva uno por la mañana y lo recoge otro por la tarde para pasar juntos el fin de semana, por ejemplo. Cuando existen tensiones sobre la guarda y custodia, la escuela se convierte en el escenario de los conflictos. Es lo que ocurre con el pequeño Jaime, de 4 años, cuya madre se niega a que lo recoja una desconocida, amiga del padre y enviada por este. El director de la escuela se ve presionado por ambos padres, los cuales insisten en conseguir su aprobación. A menudo, los profesores son testigos de las disensiones de la pareja, reflejadas en el «cuaderno de comunicaciones» del niño. Las dificultades escolares pueden ser atribuidas sistemáticamente al otro padre cuando llaman a uno de los dos desde la escuela. Es importante no vivir las dificultades del niño como un ataque personal. Las observaciones de los profesores son para informar, no para condenar. Debemos tomar nota de lo que nos transmiten y proporcionar ayuda a nuestro hijo.

☐ La escolaridad como refugio

Sin embargo, las dificultades escolares no son sistemáticas. Al contrario, el niño puede refugiarse en el trabajo escolar. He tenido oportunidad de observar cómo niños víctimas de la «conyugopatía» de sus padres veían la escuela como un refugio. El niño empieza a invertir excesiva energía en su escolaridad. Concentra todos sus esfuerzos en el trabajo escolar, en detrimento de otras formas de adquisición de conocimientos, y es así como esconde su sufrimiento frente a un entorno poco atento. Por otra parte, la escuela puede desempeñar una función salvadora para el niño, porque reforzando sus adquisiciones, le proporciona autoestima. Es un lugar de continuidad con un tiempo pasado, un tiempo presente y un tiempo futuro definibles. La escuela pasa a ser un espacio neutro y un lugar protegido.

También es con el objetivo de no causar molestias a sus padres por lo que el niño se esfuerza tanto y se aplica. A veces, espera librarse de culpas imaginarias gracias a unos buenos resultados escolares y piensa que su buen trabajo podría tener un impacto positivo en las relaciones entre sus padres. Su propósito también es no empeorar la situación, ya que sus padres parecen tener ya suficientes problemas, y no sería bueno preocuparlos aún más.

Para otros niños la escuela es un lugar de emancipación. Contrariamente a los que pasan por una etapa de regresión, estos se harán mayores de golpe. Para ellos es una protección que podría traducirse así: «Si ya no estoy bajo la dependencia parental, si no estoy en una relación de pertenencia con ellos, no sufriré por su desunión». Emanciparse para dejar de depender, dejar de depender para no sufrir. Los buenos resultados escolares están entonces investidos de un poder de emancipación.

□ Las obligaciones de los padres

Evitar que la escuela se convierta en un lugar de conflicto es, evidentemente, una regla primordial. La situación ideal, en caso de dificultades escolares, es que los padres puedan reunirse con el profesor acompañados por el niño y apartando sus propias divergencias. Esto convertiría la escuela en un lugar de encuentro parental para el niño. Paralelamente se prohibirán culpar al otro padre cuando surja el tema de la escuela en una conversación con el niño. La madre no reprochará al padre que no le haya obligado a hacer los deberes para el lunes, cuando el niño vuelve a su casa el domingo por la noche. Esos reproches no servirían de nada (el padre lo hará mejor la próxima vez) y, en cambio, el trabajo escolar pasaría a tener un aspecto de envite conflictivo generador de estrés. Durante el periodo de crisis, cuando los padres están tensos, es aconsejable que alguien exterior a la familia (por ejemplo, un estudiante) esté con el niño a la hora de hacer los deberes. Evitaremos «darle clase», enseñarle a leer según nuestro propio método, por ejemplo, porque, por motivos de lealtad, podría rechazar lo que para él sería cosa de un solo padre. Limitaremos la presión de los resultados y no añadiremos al estrés de la discordia parental el estrés de los conflictos con el niño acerca de las notas. Es aconsejable avisar al profesor de las dificultades familiares, aunque sin conferirle una posición de juez o de testigo demasiado próximo de una intimidad. No obstante, es necesario ofrecerle una información mínima para que pueda entender el origen de las dificultades del niño y no las agrave con críticas mal enfocadas.

Si las dificultades persisten, se deberá acudir a un psicólogo o un psiquiatra infantil, que podrán delimitar y tratar las dificultades psicoafectivas que las originan. Julia, de 7 años, ha perdido sus habilidades en lectura, escritura y cálculo. Ha perdido pie en los aprendizajes. Ya no entiende las reglas elementales que rigen la escritura y no logra decodificar. Esta confusión se hace eco de la que envuelve su situación familiar. Constantemente sometida a los conflictos de sus padres, que se enfrentaban acerca de la manera de educarla, que siempre querían «tener la última palabra», Julia no sabía, según sus propias palabras, «quién tenía razón». Negándose a escoger entre la razón del uno y la del otro perdió la suya, para así dejarles toda la razón a ellos o para que la razón dejara de ser lo que siempre estaba en juego entre ellos. Se volvió incapaz de razonar, y sólo «asimilaba» los contenidos escolares mediante la repetición. Podía aprender, pero no juzgar, decodificar ni analizar. Las reglas transmitidas por la madre y las reglas transmitidas por el padre se oponían de un modo binario, se anulaban, y Julia no sabía dónde estaba la norma. Entre otras, había perdido las reglas de ortografía, de gramática y de cálculo. Las consultas con ella y sus padres permitieron aclararle las ideas sobre lo intangible (como sus vínculos de filiación, las prohibiciones fundamentales, las leyes) y sobre lo variable (las expectativas propias de cada padre, los reglamentos propios de cada casa). Armada de nuevo, volvió a la razón y pudo reanudar sus aprendizajes.

Constantemente hace gamberradas

«Escribe en las paredes», «rompe los juguetes de su hermanita», «dice palabrotas», «tira los platos»: los periodos de separación parental a menudo provocan la aparición de malos comportamientos, indisciplina, transgresión de unas normas que, sin embargo, habían sido bien expuestas y perfectamente integradas con anterioridad. Estos comportamientos se pueden entender como una regresión. El niño, en su actitud y su imagen de sí mismo, vuelve a un periodo anterior a la separación. Es como si esperara viajar en el tiempo y volver atrás, a una época de días mejores. Pero también es porque los niños pequeños, en su egocentrismo, imaginan que todo lo que pasa a su alrededor es consecuencia de lo que hacen o de lo que son. Pueden interpretar la ruptura del vínculo conyugal de sus padres como una consecuencia de su crecimiento; entonces maniobran una vuelta atrás con el propósito de intentar poner remedio a ese proceso.

☐ **Una respuesta a la ansiedad**

Las gamberradas de los niños también son, por supuesto, una expresión de su inquietud: la agitación es la manera más elemental de reaccionar cuando se está sometido a movimientos de ansiedad. Se trata de entender al niño y ver, caso por caso, si la gamberrada tiene sentido o no: «Quizás estés triste últimamente por la separación; si es así tendremos que hablar un buen rato tú y yo para que me expliques lo que hay en tu corazón».

A través de las trastadas, el niño intenta reencontrar a sus padres unidos en la enseñanza de las normas de conducta, tal como estaban antes de separarse. Espera reunirlos, aunque sea en la represión común. ¡Por lo menos en el terreno de la disciplina tienen las mismas reacciones! Podemos decir al niño: «No porque hagas tonterías papá y mamá volverán a vivir en la misma casa. Los dos estamos contentos de que crezcas y no tenemos ganas de que vuelvas a ser un niño pequeño».

Las gamberradas del niño a veces forman parte de una actitud global de lucha contra una experiencia de vida dolorosa, cuando no depresiva. Ocurre como si el niño se agitara, no pudiera estar quieto e hiciera cualquier cosa para evitar sucumbir a pensamientos que le entristecen. Puede llegar hasta un comportamiento pseudoeufórico. Agitado sin ser agresivo, pasa de una actividad a otra y parece saltarse todos los obstáculos asociados a una buena conducta. No es un niño que se queje, pero tiene una conducta desordenada, un discurso inadaptado, una impulsividad y una excitación desbordantes. Es una hiperactividad que no genera nada constructivo y se desarrolla en detrimento de su escolaridad, de sus actividades de ocio e, incluso, de sus juegos en solitario. El niño no logra detenerse para elaborar juegos él solo. Únicamente la televisión o los videojuegos tienen el poder de captar su atención. La pseudoeuforia representa, en realidad, una de las dos caras de la moneda; la otra es la tristeza, es decir, la depresión. Y hay que actuar.

☐ **Poner la pareja a prueba**

Quien tiene la guarda y custodia, generalmente la madre, es quien sufre las gamberradas y los malos comportamientos del niño. Con el progenitor que sólo tiene al niño el fin de semana no suele haber problemas, y, a veces, este puede echar en cara al otro un desagradable «¡Es porque no lo sabes educar!». En realidad, el niño trata de reunir por esta vía a su padre y su madre, ya que aprendió a obedecer a los dos juntos. Una vez dividida la pareja, la pondrá a prueba para averiguar si las prohibiciones son realmente prohibiciones comunes o si son particulares del padre o de la madre. Es fundamental que el padre esté informado de las tonterías que hace en casa de la madre y riña al niño diciéndole: «No estoy de acuerdo con las tonterías que haces en casa de tu madre. Tienes que obedecerle, si no te castigaré». Al revés también debe funcionar, y la madre tiene que reñir al niño por lo que haya hecho mal en casa de su padre. El efecto será tranquilizador para el niño, que volverá a tener reunidos a sus padres en su corazón cuando se porte bien. Los resultados pueden ser espectaculares.

☐ **Volver a cuestionar las normas**

Ciertos niños parecen olvidar del todo las normas aprendidas. Hay como una confusión entre lo que es posible y aceptable y lo que es reprehensible. La explicación reside en una desintegración del superyó del niño: el conjunto de reglas, limitaciones y prohibiciones integradas por el niño en su proceso educativo. Educado por sus dos padres, ha asimilado simultáneamente las consignas bifocales y las ha asociado en su interior. La separación desencadena en su mente una ruptura de estas asociaciones y una dislocación de este código civil. Se produce una especie de regresión durante el periodo que precede a la colocación en su sitio del superyó y a la integración de la moralidad y la buena conducta social. Entonces es vital decirle, una y otra vez, que lo que valía antes de la separación todavía vale y que lo que no valía antes tampoco vale ahora, que las normas son las mismas y siguen siendo válidas tanto si son enunciadas por el padre como por la madre: «Que papá y mamá ya no vivan en la misma casa no significa que todo haya cambiado. Todavía está prohibido hacer este tipo de tonterías. Papá y mamá están de acuerdo con esto. Y si vuelves a hacerlo tendré que comentárselo a papá».

☐ Una reacción ante el sufrimiento de los padres

Los malos comportamientos de los niños se entienden también a la luz del sufrimiento psicológico de sus padres. En situaciones de separación no es raro que uno de los progenitores o los dos estén afectados y presenten un estado depresivo en mayor o menor grado camuflado por una medicación que, si bien puede corregir los síntomas, no siempre tiene un impacto suficiente para mejorar la calidad de las relaciones afectivas de la persona. Frente a una madre que está ahora menos disponible física, afectiva o moralmente, el niño, independientemente de la edad que pueda tener, reaccionará solicitándola más, acorralándola, aunque sólo sea para volver a tener a la madre que conoce. Como reacción a un talante apático y un funcionamiento al ralentí propios de las personas deprimidas, el niño pequeño puede agitarse, gritar, volverse inestable y ponerse en situaciones de peligro, como si intentara despertar a su madre. Françoise Dolto fue una de las primeras investigadoras en constatar este tipo de reacción en el niño; hablaba de esta actitud con fines terapéuticos por parte del niño para hacer reaccionar a su madre como del «*electroshock* del pobre». El niño también quiere provocar un castigo para sí mismo, motivado por un sentimiento de culpabilidad ligada a la separación, ya que se cree responsable de ella, está convencido de ello por la menor disponibilidad de su padre (o madre) deprimido, que él interpreta como un castigo. También es cierto que la madre deprimida se ocupa de su hijo con menos placer, y el niño lo nota y pierde parte de su autoestima. Asimismo, a la madre deprimida a veces le resultará difícil poner límites y cederá en un punto realmente importante, mientras que se enfadará desproporcionadamente por una nimiedad. Cuando los padres no consiguen modular sus actitudes educativas, el niño pierde sus referencias. Es importante que los padres deprimidos, sobre todo el progenitor con quien vive el niño, no duden en consultar a un especialista y reciban tratamiento. Si no lo hacen por ellos mismos, lo pueden hacer por el niño.

A raíz de una separación, puede ocurrir que los padres modifiquen su actitud educativa, sobre todo el padre que descansaba sobre el otro la labor educativa, particularmente en lo que atañe al respeto de las reglas de vida. A veces hace falta tiempo para responsabilizarse de las conductas educativas que antes se delegaban en el otro. En el periodo de fluctuación el niño se expande y saca a la luz el espacio educativo que falta. Esto pasa también si al parecernos el niño suficientemente maduro o al no disponer de otro confidente, empezamos a contarle nuestras cosas y a explicarle nuestros estados de ánimo. Esto equivale a tratar al niño como a un igual, y él puede empezar a creer que todo le está permitido y a respondernos con insolencia, aunque sólo sea para provocar una reacción y ver que, en realidad, no tiene derechos sobre nosotros. La falta de límites lo angustia. De hecho, si está por encima de sus padres, ¿quién lo va a proteger en caso de problemas?

Por desgracia, las gamberradas del niño a veces se interpretan como el brazo armado de un padre contra el otro. El niño se halla atrapado en las redes del conflicto que existe entre sus padres y toma partido por uno en contra del otro, enfrentándose al que imagina culpable de la separación o de la pena ocasionada en el otro. Habrá que decirle repetidas veces que no debe tomar partido en el conflicto y que si se porta mal deshonra la elección que hicieron los dos en su momento de darle la vida juntos. Y que si la ley impone a los padres proteger y responder a las necesidades de sus hijos, también impone a los hijos respetar a sus padres. En el caso de un niño realmente difícil una consulta con un juez de menores le permitirá oír enunciar esta ley.

Se vuelve agresivo

☐ Los resortes de la agresividad

Fuera de las circunstancias particulares de los traslados de una casa a otra, que hemos descrito anteriormente, los momentos de agresividad en los niños son frecuentes en situaciones de ruptura. El niño está enfadado con sus padres por haberle «jugado esta mala pasada». Siente la separación como una violencia moral que le está siendo infligida. Por otra parte, no está mal que exprese así su ira. Es una manera de luchar contra la pasividad frente a unos acontecimientos que lo superan, una manera de evitar la tristeza y un no querer abandonarse. Puede que la agresividad sea la expresión del sentimiento de que tal vez le estén escondiendo algo, de que no le estén diciendo toda la verdad. Quiere conocer la «verdadera» causa del divorcio, cree que no se la dicen, piensa que cada cosa tiene una explicación. A veces dirige su agresividad selectivamente hacia un padre más que hacia el otro.

En las situaciones muy conflictivas, puede ocurrir que, desgraciadamente, el niño sea «manipulado» por uno de los padres y se halle en tal enajenación parental que no tenga mejor solución, si no quiere ser destituido por el padre manipulador, que mostrarse hostil con el otro. Los comportamientos agresivos del niño tienen su origen en la imitación de los conflictos conyugales entre padres, sobre todo si son conflictos antiguos, ya que entonces el niño acaba integrándolos como modos «normales» de comunicación. Acostumbrado a ver, por ejemplo, que su padre se comporta de manera agresiva con su madre, puede pensar que es así como ella espera que la traten. Por supuesto, es imprescindible explicar al niño que no tiene por qué imitar a sus padres cuando se pelean, ya que ellos se pelean como esposos o ex esposos, y él no debe entrometerse. Es claramente más provechoso para el niño que los padres no se peleen en su presencia ni hablen en tono agresivo el uno contra el otro. Los niños son particularmente sensibles a los aspectos externos de los conflictos, a las manifestaciones físicas y ruidosas. En la medida en que la educación que han recibido ha consistido, en gran parte, en contenerse, mantener la compostura y no dejarse dominar por las emociones, los niños se encontrarán más a gusto en un escenario de agresividad retenida, no verbalizada ni ejercida, entre sus padres que frente a un escenario de agresividad exteriorizada.

☐ Una agresividad desplazada

La agresividad no siempre va dirigida contra los padres. Puede canalizarse contra los hermanos. Hay niños que reproducen entre ellos los conflictos de sus padres. De este modo siguen con su proceso de identificación parental. Vuelven a poner en escena los conflictos como si quisieran integrarlos y soportarlos mejor. Por lo general, es fuera de casa y principalmente en la escuela donde se manifiesta la agresividad. Violencia verbal o violencia física. Un niño que hasta entonces era calmado puede buscar peleas y acusar a los demás de provocarlo. Si arremete contra los demás es para dar salida a la agresividad que lleva en su interior. Esta actitud también le permite eliminar la ansiedad y luchar contra la sensación de depresión que lo invade en ciertos momentos. Asimismo, es cierto que sus compañeros no lo reconocen y a veces lo «buscan» y lo «chinchan» en un intento de reencontrar a su amigo. Su agresividad y su reactividad son problemáticas y atraen la mirada de los adultos fuera del círculo familiar, concretamente la del personal educativo, hacia unos comportamientos de los que él es un simple testigo. El niño reproduce los modelos que sus padres le proponen y la agresividad se le ofrece como un modo normal de relación en cuanto a resolución de conflictos. Inconscientemente, espera averiguar, gracias a las reacciones de estos adultos, cómo reaccionar frente a una violencia imposible de digerir. El error sería que en respuesta a sus actitudes violentas los adultos se contentaran con castigarlo sin tomarse el tiempo de dialogar con él para aclarar la situación.

☐ Cómo reaccionar

Es importante no dejar que las cosas se desborden en caso de comportamientos agresivos en la escuela y se debe hacer el esfuerzo de aceptar las observaciones de los profesores sin tomárselas como acusaciones de malos padres. Podemos decir al niño que entendemos su ira porque las cosas no son como antes y que la aceptamos. Pero, por más derecho que tenga a estar enfadado, no puede portarse de manera agresiva con los demás niños. Puede dar patadas contra la pared, pero no atacar a sus compañeros. Sobre todo, antes de pensar en pegarles, puede decirles que está enfadado y que ese día vale más que no se le acerquen. Y los días de mucha ira son como los días en que uno se encuentra enfermo y tendría que ser posible no ir a la escuela. En casa, si el niño es pequeño podrá tener su «muñeco del enfado», es decir, un muñeco que le esté permitido maltratar, para expresar y aliviar su agresividad. Los padres procurarán no provocar la agresividad: no serán agresivos con él, no criticarán al otro padre delante de él, le explicarán los cambios que se anuncian (por ejemplo, la llegada de una nueva compañera a casa), protegerán su espacio en la casa (sus cosas en su ausencia), favorecerán el diálogo con él, no lo invadirán con su propia intimidad y le recordarán que están contentos de haberlo concebido con su madre o su padre. Podremos dejar a la vista una «libreta de quejas» que nos comprometeremos a leer donde el niño podrá escribir las frustraciones que no se atreve a expresar verbalmente.

Tiene pesadillas

El tormento del niño aprovecha la noche para expresarse y se viste de pesadilla. Estas representaciones se producen sobre todo al principio de la noche y los sueños agradables aparecen hacia el final, como para curar las heridas nocturnas del principio. La primera infancia (entre los 3 y los 5 años) y la pubertad (entre los 12 y los 14 años) son periodos propicios para la eclosión de las pesadillas, que constituyen el testimonio de las remodelaciones afectivas normalmente intensas que tienen lugar en estas edades. Las escisiones parentales que acontezcan durante estos periodos e interfieran en las reorganizaciones psíquicas echan leña al fuego y aumentan la intensidad y la frecuencia de los sueños angustiosos.

□ Una manera de «digerir»

Las pesadillas deben alertarnos cuando se producen a partir de los 6 años, edad de noches apacibles. Son consecuencia de un trauma, en el caso que nos ocupa, del trauma de la separación parental, e indican que se están intentando instalar unos mecanismos de defensa psíquica para soportar la situación y evitar la depresión. El niño vuelve a vivir las escenas clave de la separación para intentar eliminar el trauma y encontrar una salida psicológica. Las escenas aparecen escritas en lenguaje onírico, es decir, metafórico, y hará falta interpretarlas. Tratan de la desaparición de sí mismo o de sus padres. El miedo a «volverse nada» y la culpabilidad están presentes. La ausencia de una solución que alivie el guión de su sueño desencadena el despertar ansioso.

El trabajo psíquico de «digestión» de los eventos difíciles del día ocupa buena parte de las horas que dormimos, es el sueño paradójico, quizás llamado así porque es el tiempo de los sueños y sus paradojas. Cuando la «digestión» es difícil, el sueño se convierte en pesadilla y, a modo de «reenvío», asistimos a unos despertares que marcan una tentativa abortada de asimilación.

La angustia de la muerte que hemos nombrado anteriormente se manifiesta bajo la forma de sueños con espectros o muertos vivientes. Es la señal de un trauma importante ligado al momento de la separación. Ha dejado rigidez en la psique del niño, que sintió en aquel momento que ya no era nada. A la pérdida de sí mismo siguió un intento de crear otro yo que tomara el relevo del yo precedente encallado en el momento de la separación. Es una suerte de separación a nivel psicológico. Las pesadillas con espectros hablan del otro yo, una especie de muerto viviente dejado atrás hacia el cual volvemos en una repetición mórbida cada vez que intentamos alejarnos.

◻ Cómo reaccionar

Si el niño se despierta gritando o llorando, o si viene a nuestra cama, no lo debemos reñir, evidentemente, pero tenemos que volver a llevarlo a su cama. No se trata en absoluto de un capricho, sino de una angustia real. Hay que tranquilizarlo para ayudarle a conciliar nuevamente el sueño. Le diremos: «Estoy aquí para protegerte, entiendo que te preocupe mucho esto de la separación, pero no temas, tus padres no te abandonaremos, ni tu padre ni tu madre». Le podemos enseñar una foto de los dos padres reunidos que tal vez tenga en su mesita de noche o le podemos acercar un objeto o un pañuelo, algo del padre o la madre ausente que lleve su olor. Un niño que venía a mi consulta consiguió conciliar el sueño gracias a un nuevo muñeco hecho con pañuelos de su padre y de su madre ligados juntos. Le podemos decir que, aunque ahora nos peleemos con su padre (o su madre, según el caso), no nos arrepentimos de haberlo amado. Si, a pesar de todo, no logra volver a dormirse, le podemos decir que nos cuente su pesadilla y ayudarle a encontrar soluciones. De esta manera, si habla de la bruja mala que lo quiere raptar, le podemos dar ideas para protegerse, como correr rápido para escaparse, esconderse, negociar con ella, esconder la escoba de la bruja, llamar al mago, al hada buena o directamente a la policía, en definitiva, instalar metafóricamente otros mecanismos de defensa. También le podemos proponer que dibuje su pesadilla y así, plasmada en un papel, será fácil envolverla y tirarla a la basura para que no vuelva a aparecer nunca más. Cerca de la cama de los más pequeños podemos colocar una caja de metal que identificaremos como «atrapapesadillas».

Salvo en casos excepcionales, evitaremos administrar somníferos a los niños, incluso los especiales para ellos, porque perturban la calidad del sueño paradójico y, por consiguiente, interfieren en el proceso de elaboración de los mecanismos de defensa contra la angustia. Para los más pequeños nos decantaremos por unas gotas de agua de azahar diluidas en un poco de leche tibia y dulce. Los niños acostumbrados a que sus angustias nocturnas sean ahogadas mediante medicamentos se convierten en adolescentes que no tienen más remedio que tomar tranquilizantes, prescritos o ilegales, cuando aparece el más mínimo malestar. El remedio es que el niño tenga la posibilidad de hablar sobre sus dificultades y para ello necesita que alguien lo escuche atentamente, con benevolencia y serenidad. Si en su entorno no hay nadie capaz de hacerlo, se puede acudir a un psicólogo o un psiquiatra infantil.

☐ La historia de Carolina

Existen divorcios que se desarrollan sin problemas. Los padres no se pelean, se separan amigablemente y cada uno vuelve a encontrar pareja. Entonces se habla de divorcios bien logrados. Es evidente que un divorcio sin conflictos no se puede comparar con un divorcio conflictivo en términos de consecuencias negativas para el niño. Sin embargo, algunas repercusiones psicológicas pueden producirse a pesar de la relación serena entre los padres. Los padres de Carolina, de 10 años, acuden a mi consulta porque su hija padece terrores nocturnos. Casi cada noche Carolina, estando dormida, se sienta ruidosamente en su cama, grita, llora, respira fuerte, se empapa en sudor y su corazón va a cien por hora, tiene una mirada alucinada, como aterrorizada. Farfulla palabras incomprensibles, hace siempre los mismos gestos con la mano. Sus padres no la pueden tranquilizar y ella no los reconoce porque está durmiendo. Al cabo de unos minutos, la crisis se interrumpe y Carolina vuelve a dormir tranquilamente. Cuando se despierta no se acuerda del episodio nocturno. No presenta ningún otro síntoma. Es como si los conflictos resbalaran sobre ella, pero, en realidad, por la noche vuelven a surgir en la cabeza de esta niña tan buena que nunca se queja por temor a empeorar la guerra entre sus padres.

Los padres consultaron con un neurólogo que les dijo, de acuerdo con las posturas comúnmente admitidas en el ámbito médico, que los terrores nocturnos son una forma de sonambulismo y que no existe tratamiento fuera de una prescripción de neurolépticos para dormir (medicamentos sedativos no desprovistos de efectos secundarios). Explico a los padres que, a nivel médico-psicológico, los terrores nocturnos pueden traducir angustias demasiado vivas para poder ser representadas, o puestas en escena, en un sueño-pesadilla normal. El aparato psíquico de Carolina no es capaz de elaborar nada. He constatado que los terrores nocturnos afectan a niños que dominan mucho sus emociones y sentimientos o niños fóbicos que temen pensar en cosas angustiantes durante el día por miedo a que se realicen; este es el caso de Carolina.

Los sueños y las pesadillas sirven para dejar fluir los pensamientos que uno se niega a encarar conscientemente, en estado de vigilia. Es un espacio de desquite. En los niños que padecen terrores nocturnos, las cosas pasan como si el control fuera tan fuerte que el niño llega a poder censurar sus sueños. Demasiado retenidos o incluso destruidos, los pensamientos o representaciones prohibidas desprenden una energía que emerge en forma de terrores nocturnos. No hay representación, como en un sueño o una pesadilla (no es posible traducir o interpretar nada). La energía de combustión de la destrucción de los pensamientos aparece sola y se evacua bajo la forma estereotipada del terror nocturno. Carolina es una niña modélica. Tiene buena salud, es buena alumna, seria, amable, bien educada, atenta, sociable y no molesta nunca a nadie. Cuando sus padres se separaron, cuando su padre dejó a su mujer para casarse con otra, cuando su madre se unió a otro compañero, todo sucedió en un clima de calma y de respeto mutuo. Todo se hizo razonablemente. Nada de gritos, nada de llantos delante de los niños. Les explicaron a estos que sus padres eran sus padres, que eso no cambiaba, que nadie era culpable, y ningún padre criticó al otro. Los padres se siguen llamando y se llevan muy bien. Los suegros también son ejemplares. Carolina, una niña bien educada, «aceptó» el divorcio sin quejarse. Cuando la veía en mi consulta pensaba en un personaje televisivo que quiere autoconvencerse de que la felicidad es posible y lleva una goma elástica en las comisuras de la boca para aguantar una sonrisa mientras todo se hunde a su alrededor. Los terrores nocturnos de Carolina empezaron dos años antes de la primera consulta, es decir, inmediatamente después del divorcio.

Hicieron falta muchas sesiones para que Carolina se sintiera suficientemente confiada para expresar el disgusto por la separación, su tristeza, y emitir algún reproche contra sus padres y sus padrastros. Simultáneamente, su padre y su madre pudieron hablar de los sufrimientos de su infancia, superados, claro (¡viva la resiliencia!), pero nunca verdaderamente aliviados por la palabra, la escucha y el análisis. Conforme iban pasando las sesiones, los terrores nocturnos dejaron lugar a las pesadillas, que, poco a poco, se extinguieron también.

Empieza a mentir

Alexandra, de 8 años, es una niña que creció sin dificultades particulares hasta que sus padres se separaron después de ocho años de vida en común. Vive una semana en casa de su padre y una semana en casa de su madre, en un sistema de alternancia. La traen juntos a mi consulta porque no para de mentir. Las mentiras son tanto «utilitarias», para encubrir una cosa mal hecha, por ejemplo, como «injustificadas», por lo menos aparentemente. Es así como empieza a explicar a su padre actividades que hace con su madre, o viceversa, y que sólo son fruto de su imaginación. Con sus compañeros de clase se inventa hazañas y también una familia más rica o más famosa, según explica uno de sus profesores.

En un niño de edad preescolar la mentira se explica a menudo por el hecho de que no distingue claramente lo verdadero de lo falso, lo real de lo lúdico o de lo virtual. El descubrimiento de su poder de alterar la verdad con toda conciencia es una etapa fundamental para él. De hecho, marca la toma de conciencia de su autonomía psíquica. Toma conciencia del hecho de que sus padres no son todopoderosos sobre su mente y entiende que, igual que puede caminar solo, también puede pensar libremente. Pero, por lo general, a partir de los 7 años integra los valores morales y sociales que le impiden mentir con el fin de asegurarse el reconocimiento de su entorno y, de paso, una buena autoestima. A partir de esa edad las mentiras sólo sirven para protegerse.

En el caso de Alexandra, la mentira que no convivía con ella desde que había empezado la educación primaria reaparece como una reacción directamente ligada a la separación. Fuera de la mentira, la niña no presenta ningún otro trastorno. Tiene un buen nivel escolar y una buena conciencia de sí misma y de los demás. Las sesiones que mantuve con ella me permitieron entender qué pasaba. Alexandra había interpretado la ruptura de sus padres como una enorme mentira. Para ella era una mentira en comparación con lo que le habían hecho creer. Su sistema de creencias se basaba en la certidumbre de que había una permanencia de su modo de vida familiar. La ruptura llegó y barrió el sistema de valores. El vínculo que unía a sus imagos parentales era para ella como una pared portadora de la construcción de su personalidad en su relación con la realidad. Una vez deshecho este vínculo, su sistema se desmoronó y se quedó a la espera de una nueva elaboración que sustituyera la que ya no funcionaba. Esto fue lo que logró la psicoterapia.

□ **La mentira de los padres**

A lo largo de mi trayectoria profesional he encontrado otras explicaciones para las mentiras compensatorias asociadas a una separación. En las situaciones de divorcio, el padre o la madre llegan a mentir a su ex cónyuge debido al aspecto judicial y las cosas que están en juego en el terreno de la economía y la guarda y custodia de los niños. Los padres también llegan a mentir a sus hijos pensando en protegerlos o en protegerse de su juicio. La mentira o sus cómplices, las cosas no dichas, se hallan frecuentemente en el origen de una separación. Entonces la mentira se convierte en un modo de comunicación integrado por el niño, que ve cómo sus padres desvalorizan su propia palabra. La mentira en el niño es una manera de decir que no se deja engañar por las mentiras de sus padres. El tratamiento consiste en reincorporar una palabra verdadera en el seno de la familia.

□ Escapar del presente

Retroceder a la mentira puede inscribirse en una actitud global de regresión que, eventualmente, afectará a otros campos a la vez (enuresis, dificultades escolares, juegos con niños más pequeños...). El niño reencuentra sus modos de funcionamiento anteriores, cuando sus padres todavía estaban juntos, como si su crecimiento hubiera sido el desencadenante de la separación de sus padres. Como la regresión puede formar parte de un síndrome depresivo, se puede asociar con una tristeza y una ralentización global, y hará falta un seguimiento especializado.

Cuando se inventa una nueva familia, un nuevo universo, el niño intenta escapar de su situación presente. Se inventa nuevos padres que sólo tienen cualidades y que, sobre todo, no están separados. Se trata, esencialmente, de compensar la imagen negativa que los conflictos intrafamiliares han generado de sus padres. Puede pasar que el niño se invente un doble, un hermano, una hermana o un amigo, y hable de ellos para explicar algunos de sus comportamientos. «He dejado mi abrigo en casa de papá porque Víctor tenía frío», explica Guillermo, de 6 años, a su madre, para quien Víctor sólo existe en la imaginación de su hijo. En este sentido, son mentiras compensatorias porque permiten al niño proteger su narcisismo (la imagen de sí mismo) alterado por la escisión parental.

Las mentiras pueden llegar a ser como un refugio del ensueño. En este caso, el niño no distingue bien la realidad de los sueños que tiene despierto. Son sueños que cumplen una función similar a la de los sueños nocturnos, permiten el logro imaginario de los deseos y son un intento de elaboración de las angustias nacidas de los conflictos inconscientes. El niño se crea películas para huir de una realidad que rechaza. Son refugios y maneras de esquivar la confrontación con situaciones vividas como dolorosas. A menudo, el refugio en la ensoñación se asocia a una disminución del razonamiento y de la iniciativa. Lo afectivo invade toda la psique en detrimento de lo cognitivo y la acción. Esto es una señal de carencias en las aportaciones afectivas habituales o de dificultades en la comprensión de la filiación. Se impone, inevitablemente, un seguimiento global de la familia.

☐ **La mentira utilitaria**

Es la mentira más frecuente. El niño mentirá a sus padres para ahorrarles contrariedades y camuflará sus malas notas o sus gamberradas para que no se pongan tristes y para no crearles preocupaciones suplementarias. Las mentiras utilitarias tienden a proteger diplomáticamente la imagen de un padre a los ojos del otro con el fin de atenuar los conflictos. Esto ocurre, especialmente, cuando el niño hace de mensajero, cuando uno de los dos progenitores lo utiliza para conseguir informaciones sobre el otro. En este caso la mentira del niño es un compromiso entre callar y no traicionar al padre en cuestión.

Es indispensable que los propios padres vuelvan a encontrar el camino de la verdad. Hay que decir palabras verdaderas acerca de la separación. Decir palabras verdaderas no significa decirlo todo: hay que transmitir la verdad sobre los hechos que afectan al niño. Decir la verdad implica abandonar la ira en la puerta y tener presente que la verdad se deja engañar por el corazón sobre todo cuando se trata de hablar del ex cónyuge con el niño. Denigrar al otro siempre es una mentira a los ojos del niño, puesto que se trata del padre (o la madre) que un día escogimos para darle la vida. Es una contradicción que le podría hacer dudar hasta del sentido de su propia existencia si no entendiera el discurso como mentiroso. Si no podemos evitar criticar al otro, tenemos que limitarnos a criticar un acto, una palabra, pero no a la persona en su conjunto. Podremos decir: «No es bueno tener este comportamiento», en vez de: «Tu padre es mala persona». Si no podemos evitar expresar nuestro enfado en presencia del niño deberemos decir «mi ex marido» o «mi ex mujer» y no «tu padre» o «tu madre» para que el niño no se sienta atacado personalmente por las críticas. Es especialmente importante no enfadarse cuando el niño dice su verdad incluso si es, tal como decía Shakespeare en *Enrique V,* una verdad que haría «enrojecer al mismísimo diablo». No se debe colocar al niño en sistemas de alienación parental, pues, atrapado en un chantaje afectivo, no tendrá otro remedio que mentir para protegerse y proteger a los suyos. Cuando, como padre o madre, seamos testigos de un discurso negativo por parte del otro acerca de nuestra persona, nos abstendremos de devolverle un discurso equivalente. Explicaremos al niño que, en las situaciones de separación, las cosas que se dicen sus padres no son para que él las escuche. Es lo mismo que cuando estaban juntos: las cosas que pasaban en la habitación de los padres no eran para que él las viera. Las palabras que se dicen ahora no le hablan de su padre y de su madre, son palabras de ex enamorados que expresan unos sentimientos que han sido remplazados por otros. Sin embargo, la verdad de los sentimientos tan sólo existe para el que los posee. Él sólo debe escuchar las palabras que sus padres le destinan a él personalmente.

☐ **Algunos consejos**

¡Nada de castigos ni sermones a discreción! Puede que nuestro hijo tenga la impresión de que le hemos escondido la verdad acerca de la separación, pero, en realidad, no tenemos que darle ninguna explicación. Digámosle que ni su padre ni su madre han podido controlar la situación amorosa actual y que, como él, se han visto llevados por el huracán. El niño imagina que hay una explicación, un acto fundador de la separación, como hay un acto fundador de su concepción (la famosa escena de amor primitiva que nueve meses más tarde dio lugar a su nacimiento). A veces el niño se imagina que le quieren esconder lo que pasó en aquel momento preciso. En este caso no descansará hasta encontrar la famosa causa original, a no ser que consigamos hacerle entender que no es así.

Cuando miente acerca de lo que hace, le podemos decir que quizá le gustaría que las cosas se desarrollaran así, tal como las describe, pero que nosotros sabemos que las cosas son de otra manera y que mintiendo no conseguirá cambiar la realidad. Demostrémosle, sin enfadarnos, que no nos dejamos engañar, que sabemos que su realidad le entristece y que haremos todo lo posible por mejorarla. También le manifestaremos cuáles son los peligros de la mentira, que aísla de los demás y nos lleva lejos y, generalmente, sin esperanza de poder volver.

No quiere ir a casa de su padre

A menudo comprendemos que el niño no quiera ir a casa de su padre, porque pensamos que este último se equivoca o quizá porque no nos gusta la madrastra (o viceversa, no quiere ir a casa de su madre; no nos gusta el padrastro). Sus palabras pueden alabarnos si es que esperamos del niño un juicio, como mínimo, de valores. Cuanto más pequeño es el niño, más percibe las reservas que tiene su madre a la hora de dejarlo con su padre, incluso aunque ella no verbalice nada. El niño que se niega a ir a casa de su padre se contentará con expresar en voz alta las reticencias de la madre. Fuera de toda oposición materna, es cierto que las idas y vueltas entre un lugar de residencia y el otro no son fáciles para el niño pequeño, que cada vez tiene que adaptarse a nuevas normas y a un nuevo entorno material y afectivo. Si ha sido acostumbrado a estar más con su madre, dejarla siempre supondrá un desgarro para él. Si ve a su madre frágil, infeliz o sola, mientras el padre vive en pareja y tiene nuevos hijos, temerá abandonarla a su triste suerte.

Es preciso explicar de nuevo al niño, si la separación se hizo amigablemente, que fueron sus mismos padres quienes se pusieron de acuerdo para la guarda y custodia, y que es preciso que también estén de acuerdo los dos para poder modificarla. Si no, habrá que decirle que, como sus padres no se ponían completamente de acuerdo, el juez pronunció esta guarda y custodia, y que ahora ellos deben respetarla porque tiene fuerza de ley. Es preciso explicarle que tiene que ver a su padre porque ejerce la autoridad parental y que tiene mucho para transmitirle. Asimismo, es importante que la madre añada que necesita tiempo libre para relajarse, salir, ver a sus amigos. Su hijo necesita saber, sobre todo si vive las dos terceras partes del tiempo o más con ella y ella vive sola con sus hijos, que ellos no lo son todo y que necesita otras cosas para estar totalmente satisfecha. Si el niño creyera que lo es todo para ella, no tendría motivos para crecer ni para mirar hacia otros horizontes (la cultura, el trabajo, el resto de la gente); sólo se acercaría a otras actividades con la esperanza inconsciente de volverla a encontrar a ella.

☐ Cómo reaccionar

El respeto de los días, de los horarios, la regularidad ayudarán al niño a aceptar mejor los cambios de lugar y a prepararse mentalmente. Un calendario en su habitación, con los días pintados de un color para cada casa resulta una buena ayuda, así como dejarle mucha libertad a la hora de llevarse juguetes a la otra casa, aunque probablemente después se queden allí durante mucho tiempo. Llevarse juguetes que le hayamos regalado para el niño es un poco como llevarse un poco de nosotros consigo. No nos derrumbaremos cuando nuestro hijo se refugie en nuestros brazos y no nos quiera soltar, aguantaremos el enfado si el otro progenitor llega tarde y, una vez se haya ido el niño, llamaremos a un amigo y le explicaremos nuestras emociones. Al niño podemos decirle que entendemos su pena, pero que nosotros pensaremos en él, que no lo vamos a olvidar y que tiene que aceptar la realidad, tal como nosotros mismos lo estamos haciendo. Le recordaremos que también es hijo del otro progenitor.

Quiere que nos volvamos a casar

Es frecuente que los niños tengan la esperanza de que sus padres separados vuelvan a estar juntos. La existencia o no de conflictos más allá de la separación no cambia nada, porque para ellos volver a estar juntos significa volver a llevarse bien. La mayor parte de los niños, cinco años después de la separación, dicen que no ven ningún beneficio en ella. Normalmente, se aconseja a los padres que digan una y otra vez a sus hijos que deben renunciar a este sueño, que es una situación irreversible. Es la única manera de ayudarles a aceptar la realidad. En la misma óptica, se desaconseja a los padres que vuelvan a verse, que vayan el uno a casa del otro, que se muestren ternura mutuamente, ya que ello añadiría confusión a la situación.

Mi posición difiere claramente del discurso dominante sobre este tema. He visto a muchos niños a quienes las cosas les habían sido presentadas de esta manera y que no por eso habían dejado de albergar esa esperanza, pero casi tenían vergüenza, en el secreto de la consulta, de expresarla. ¿Con qué derecho, después de imponer una separación parental a los niños (en un principio, se les transmitió que padre y madre vivirían siempre juntos), les vamos ahora a quitar la esperanza? ¿Y cómo podemos hacerles creer que somos capaces de leer el futuro? Inicialmente, les hicimos creer que ambos padres formaban una entidad común y que iban a vivir juntos para siempre. Pero el resultado ha sido distinto. El niño tiene el derecho de dudar de cualquier afirmación sobre el amor. He tratado a niños cuyos padres se volvieron a juntar pasados unos años. No podemos decir al niño que nadie es responsable de la separación, que el amor se fue, y luego pretender tener un control sobre el amor, exponer con toda seguridad que no volverá. El niño necesita esta esperanza para seguir construyéndose con las imágenes de sus padres reunidas en él, ya que son las bases sobre las cuales se ha construido hasta el momento. Sería diferente si desde su nacimiento el contrato fuera claro y los padres vivieran separadamente. Igual que el niño tuvo que aceptar la realidad de la separación de sus padres, estos deben aceptar la realidad del deseo de su hijo de verlos reunidos de nuevo.

No obstante, es fundamental no dejarle creer que su actitud puede influir en la decisión de los padres. De la misma manera que debe saber que no es responsable de la separación de sus padres, debe saber que no puede hacer que se reúnan de nuevo. El niño debe renunciar a controlar la vida amorosa de sus padres para poder vivir la suya armoniosamente cuando le llegue la hora. No puede hacer ni de Celestina ni de Cupido. Si insiste y quiere saber si sus padres se volverán a casar, se le puede contestar simplemente: «De momento no tengo ganas. Quise mucho al hombre que se convirtió en tu padre y no me arrepiento, puesto que estás aquí. Pero el amor de pareja entre nosotros ya no existe. De ahora en adelante nos llevamos mejor viviendo separadamente». Si los vínculos que nos unen a nuestro ex pueden parecer poco claros podemos añadir: «Conservo una amistad y un poco de ternura por él porque el amor ha dejado huellas. Un gran amor no se muere así como así, se transforma, pero no tengo ganas de volver a vivir con él. Tú, sueña lo que quieras, pero déjame vivir mi vida amorosa. Sabes que amo a mi nuevo compañero y que soy feliz con él, por mucho tiempo espero. Espero que quieras mi felicidad como yo quiero la tuya. No pongas obstáculos a mi relación».

En cualquier caso, hay que precisar: «De todas maneras, nunca podrás influir en mis sentimientos por mi ex marido, ni en los suyos por mí. Yo tampoco podré influir en tus sentimientos por tu pareja, ni intentaré hacerlo».

Aceptar la permanencia del deseo del niño no impide ayudarlo a deshacerse de su nostalgia. Es importante que tenga nuevas fuentes de satisfacción y que se haga notar. Será más fácil si es otra persona la que le ayude a constatar que desde la separación le han sucedido unas cuantas cosas buenas. Un discurso así en boca de su madre o de su padre podría ser entendido como una autojustificación.

Quiere dormir conmigo

Cuando los padres vivían juntos, el niño había intentado hacer alguna incursión en la cama del matrimonio, pero había renunciado viendo que los padres se mostraban inflexibles. Sin embargo, desde la separación las cosas han cambiado y pide permiso con mucha insistencia para venir a nuestra cama arguyendo que tiene pesadillas que le impiden dormir solo. Intentamos ser firmes otra vez, pero no hay manera. Por más que digamos o hagamos, lo encontramos cada mañana durmiendo a nuestro lado. Quizás, cansados de luchar, hayamos cedido o bien él haya venido subrepticiamente aprovechándose de nuestro sueño profundo. Es posible que, en realidad, no nos moleste, porque, como dormimos solos, el calor de nuestro hijo nos reconforta y es difícil prescindir de él, ya que las ganas de dormir juntos son recíprocas. Además, el niño ha vivido cosas muy fuertes y no parece un buen plan ser siempre duros con él. Por otro lado, lo vemos poco durante el día y es un consuelo compartir las noches con él. Pero no perdamos de vista que para nuestro hijo lo importante es volver a encontrar la autonomía respecto al sueño. Tiene que aprender a ir por sus propios medios hacia el reino de Hipnos.[5] De la misma manera que un niño que siempre cargamos en brazos no asimilará nunca el caminar, el niño tiene que aprender a dormirse solo para descubrir sus propios mecanismos de defensa psicológica contra la inquietud generada por el sueño. La hora de ir a dormir constituye un momento esencial y debe ser un tiempo de calma, de cuentos leídos tranquilamente, de sosiego. Es un momento de pequeños rituales que hay que respetar: guardar las cosas bien en su sitio, encender la lucecita de noche, es la hora del vaso de agua, del osito de peluche, etc. Si no conseguimos mostrar suficiente determinación podemos dejar que se duerma en «la cama de

---

5. Dios del sueño en la Antigüedad griega; vivía en una caverna eternamente oscura y brumosa atravesada por el río del olvido.

mamá» (o de papá) con la condición de volverlo a llevar a su propia cama cuando nosotros nos vayamos a dormir.

□ **Cuando dormir reactiva las angustias**

Si el niño tiene miedo a dormirse por la noche es porque teme no encontrar por la mañana lo que más quiere, en particular, a sus padres. Hipnos (el sueño) es el hermano de Tánatos (la muerte) y, de hecho, si el niño intenta resistirse y se niega a dormir solo es porque teme ver desaparecer a sus seres queridos. La situación de separación parental reactiva estas angustias. Si uno de los padres se ha ido del domicilio familiar a causa de la ruptura, si «nos ha dejado», como, desafortunadamente, dicen algunos padres, frente a esta inestabilidad revelada, ¿por qué no iba a temer el niño que cuando se despierte el otro padre también lo haya dejado? Se levanta por la noche para asegurarse de su presencia. Además, el sueño es un periodo de regresión. Hay que dejarse ir, bajar la guardia para dormir, volver a ser pequeño, es decir, vulnerable. El niño ve a sus padres como los guardianes de su sueño. La ausencia de un padre significa una menor vigilancia y el niño se siente menos tranquilo. Si, además, el padre con quien vive está más frágil moralmente, el niño lo nota y entiende que su poder de protección disminuye. Así se explica que el niño pueda querer formar un solo cuerpo con su padre o su madre por la noche en un deseo de mutuo apoyo.

Las situaciones de separación reactivan las pesadillas del niño. Las angustias de abandono y los sentimientos de culpabilidad surgen en las pesadillas, así como los conflictos psíquicos internos (el «yo-mamá» componiendo su identidad y oponiéndose a su «yo-papá»), e impiden al niño dormir el sueño de los justos. Generalmente, cuando una de estas pesadillas lo despierta, el niño deja su cama en medio de la noche. Entonces (¡y, sobre todo, si logramos salir de la torpeza del sueño!) lo tenemos que llevar otra vez a su cama invitándole a que nos cuente la pesadilla. Lo podemos tranquilizar diciéndole que nos volverá a ver por la mañana. Si se pone pesado, vuelve al ataque y llama a nuestra puerta cerrada con insistencia podemos ser más estrictos y decirle: «Es inútil que insistas, cada uno tiene que dormir en su propia cama. Tu padre (o, según el caso, tu madre) también duerme en su propia cama en su casa y no estaría contento de saber que te niegas a dormir solo. Puedes gritar todo lo que quieras, no cambiará nada. No te puede pasar nada, aunque yo esté durmiendo, porque no estoy lejos». Nuestra firmeza en este caso tiene una función tranquilizadora. Transmite nuestra fuerza al niño y le dice que siendo fuertes somos buenos guardianes para su sueño. Si nos dejamos dominar por él, ¿cómo vamos a poder enfrentarnos a los «monstruos» de sus pesadillas?

☐ ¿Y si, por fin, el sitio estuviera libre?

El otro motivo que empuja a nuestro hijo, sea niño o niña, a ir a vernos a nuestra cama es el deseo de ocupar el sitio de la pareja. La separación de los padres le ha hecho creer que el sitio estaba libre. Incluso si la desunión se produce a una edad en que, normalmente, el niño ya ha integrado esta imposibilidad y ha renunciado a sus deseos edípicos (niños mayores de 7 años), se puede producir una grieta en su organización afectiva, provocada por el terremoto del divorcio, y los deseos inhibidos surgen otra vez. Si los padres acceden a su petición se produce una confusión a nivel sentimental e identitario, que podría instalarse en él y llegar a perjudicar su desarrollo afectivo e, incluso, intelectual, ya que lo cognitivo y lo afectivo están estrechamente relacionados. Conviene explicar al niño: «No se duerme con los padres. Tu padre y yo no dormíamos con los nuestros. Antes de separarme dormía con mi marido y tú no puedes ocupar ese lugar. Una madre duerme con su enamorado o su novio, pero no con su hijo o su hija, si no, no sería su hijo ni su hija. Cuando seas mayor podrás dormir con la persona a la que ames. Mientras tanto, que tengas felices sueños».

Amenaza con fugarse

La amenaza de irse de casa no es rara cuando justamente los niños han visto cómo su padre (o su madre) se iba de casa o cómo amenazaba una y otra vez con hacerlo. Esto puede pasar incluso con niños muy pequeños. Tuve en mi consulta a un niño de 5 años cuyos padres estaban separados que se había marchado de casa de su madre con la intención de ir a ver a su padre que vivía a... ¡800 km!

☐ Buenas razones para querer fugarse

Los niños propensos a la fuga intentan resistir al estado de hecho de la separación dándose la libertad de elegir y circular entre sus dos padres. Se trata de niños muy decididos, voluntariosos y emprendedores. Los dos padres deben reaccionar juntos y expresarles que reconocen su pena, que se dan cuenta de todo, pero que son responsables de ellos hasta que tengan 18 años y que todavía no tienen edad para decidir lo que es bueno para ellos o no. La «complicidad» de un padre que se queja con su hijo de una decisión arbitraria del juez o del otro padre puede fomentar la voluntad de fugarse del niño. A veces este no se fuga para encontrarse con el otro padre, sino para huir de un malestar que deriva de la situación de divorcio. Ciertos niños están muy resentidos con sus padres por haberles roto sus ilusiones y su confort, y la fuga expresa el enfado o funciona como una represalia. A semejanza de la fuga musical, basada en el contrapunto, el niño que se fuga toma a sus padres como contrapunto. Para impedirle pasar a la acción, hay que darle la oportunidad de verbalizar su resentimiento y mostrarse atentos a su sufrimiento. La fuga puede traducir un verdadero desamparo. En los divorcios particularmente conflictivos el niño no reconoce a sus padres, que son presa de su furia emocional. El niño pierde sus puntos de referencia, se siente perdido y quiere huir con la esperanza inconsciente de volver a encontrar a sus padres en otra parte. Es como si emprendiera un viaje en el tiempo que lo llevara hacia el pasado del paraíso perdido.

Boris, de 7 años, nació en Moscú; su madre es una profesora de idiomas rusa y su padre diplomático. Creció en Rusia antes de seguir a sus padres hasta Barcelona. Entonces tenía 4 años. Las relaciones conyugales se fueron deteriorando poco a poco hasta desembocar en una separación tres años más tarde. Los dos padres se quedaron en Barcelona y Boris se benefició de una custodia alternada. Pero los conflictos perduraban y un día Boris se fugó. Lo encontraron en la estación de tren. Dijo que quería volver a su casa de Moscú. En realidad, Boris quería volver a la casa de los días felices, quería volver a encontrar la unión amorosa de sus padres.

El niño pequeño también se marcha en busca de sus padres ideales. Entre los 4 y los 6 años no es raro que los niños se inventen una nueva familia con nuevos padres dotados de mil y una virtudes. Es lo que Freud llamaba la «novela familiar». Permite al niño soportar su condición, construirse un ideal mayor todavía que el que le proponen sus padres; es también una manera de echar a los verdaderos padres del trono para sacar un mejor provecho de ellos con la idea inconsciente, por ejemplo, de que si la madre no es la verdadera madre podrá casarse con ella. Estos padres imaginarios, que, conforme ha ido creciendo el niño, se han ido durmiendo en su inconsciente, vuelven a tomar una importancia particular en las separaciones dolorosas. Pueden ayudar al niño a soportar una situación que vive muy mal. Le sirven de ángeles de la guarda y son anclajes que sostienen su identidad. Perturbado afectivamente, el niño a veces no logra distinguir entre la realidad de su situación y su imaginario, y cuando emprende la fuga para volver a encontrar a sus padres concretiza una fuga en su imaginario.

El niño que se fuga también tiene la esperanza de ser encontrado. Siente que sus padres, ocupados con sus problemas, lo olvidan. Se siente desatendido, abandonado. Acaba dudando del afecto que tienen sus padres por él, porque, aunque le repitan que lo quieren, a él le parece que su manera de actuar expresa todo lo contrario. La fuga, a cualquier edad, permite poner a prueba el cariño de los padres.

La fuga también puede formar parte de un cuadro depresivo y entonces debe ser interpretada como el equivalente a un suicidio. Para el niño se trata de desaparecer, de escapar de su condición. Quiere ser un recuerdo fugaz, ya que no cuenta mucho para nada ni para nadie; por lo menos, esa es la impresión que tiene.

☐ Qué hacer

En cualquier caso y aunque sólo se trate de amenazas, es importante no trivializar las palabras y, aun menos, el acto. Si en una pelea un niño manifiesta un discurso evocador del tipo: «Un día me iré de aquí», hay que tomarse el tiempo de hablar con él, enseguida o más tarde, cuando haya vuelto la calma. Habrá que preguntarle acerca de lo que le entristece y decirle que, aunque la situación presente sea difícil, haremos todo lo posible para que lo sea menos. Será preciso tranquilizarle acerca del amor que sienten por él tanto su padre como su madre. Nos disculparemos por estar menos disponibles de lo que nos gustaría y le precisaremos que se trata de una situación pasajera. Luego le diremos que no dejaremos que se vaya, que no puede cambiar de padres, pero que si la situación le pesa demasiado, puede ir a pasar una temporada a casa de sus abuelos o sus tíos.

Si el niño ha pasado a los hechos, le explicaremos cuánto miedo hemos pasado y cuánto peligro ha corrido él. Hay que decirle que no tiene derecho a hacer algo así y que no le permitiremos que vuelva a hacerlo. Si el comportamiento se repite, habrá que consultar a un psiquiatra o un psicólogo infantil, que se remontará al origen de su comportamiento y su sufrimiento para poder ayudar al niño. Si parece no dar ningún crédito a la palabra de sus padres, se puede intentar conseguir una cita con un juez de menores: el niño podrá explicarle sus dolencias y el juez le expondrá sus derechos y sus obligaciones. Otra cosa que se puede hacer es volver a hablar del pasado, de «los días felices», ver fotos juntos. Los padres le explicarán cómo se conocieron y le contarán anécdotas divertidas a propósito del encuentro y acerca de su nacimiento. Organizarán para él un viaje en el tiempo e, incluso, volverán físicamente con él a los sitios claves de su vida de pareja.

Empieza a robar

Diego tiene 9 años. Su madre lo ha sorprendido con la mano en su monedero: estaba robándole dinero. De repente ha entendido por qué desde hace varios meses siempre tiene menos dinero de lo que creía. Diego ha confesado, con lágrimas en los ojos, que no es la primera vez. Cuando su madre lo trae a mi consulta relaciono rápidamente el nuevo comportamiento de Diego con el divorcio tormentoso que le ha privado de su anterior marco afectivo.

A partir de los 7 años es cuando podemos hablar, de manera inequívoca, de robo consciente. Las situaciones de separación parental pueden ocasionar este tipo de conducta delictiva, y no importa la edad del niño ni sus antecedentes. El robo puede ser doméstico y afectar al dinero de los padres o los juguetes y la ropa de los hermanos, que luego serán regalados, destruidos o vendidos al exterior. También se pueden producir robos en la escuela, el polideportivo o los grandes almacenes. Veremos que estos dos tipos de robo pueden ser interpretados de maneras distintas. El dinero robado se conserva o se dilapida en golosinas u objetos diversos; también se regala. El padre de Gabriel descubrió en la habitación de este un dineral en forma de monedas y billetes escondidos en el armario. Gabriel le confesó que desde la separación le robaba dinero a su madre y que lo guardaba «bien guardado» por si acaso su padre lo necesitaba. Efectivamente, en varias ocasiones había oído a su padre quejarse de que su madre le quitaba el dinero con la pensión alimenticia. Gabriel entendía esto al pie de la letra y quería reparar la «injusticia».

Mateo, de 9 años, también robaba a su madre. Cuando fue descubierto y traído a mi consulta, me declaró que su madre sólo compraba «cosas para ella» y que consideraba que se quedaba todo el dinero de la familia para su placer personal. Se sentía estafado. Juzgaba a su madre como una mujer ligera, frívola, no la respetaba como a una madre. La separación había abierto brechas en su construcción psíquica edípica y la imagen materna se había modificado. Como ya no era la mujer de su padre, sólo la veía con ojos edípicos, manchados de menosprecio, ya que así era cómo percibía la feminidad (por motivos educativos y otros particulares de él). El respeto por la madre, que existe incluso en los futuros machistas, se había disuelto con la separación. En la mayoría de los casos, las víctimas de los robos son las madres. Es como si el niño intentara recuperar un poco de su madre, a quien echa de menos a causa de la nueva organización familiar. Sin embargo, también significa, como en el caso de Mateo, que el niño cree tener derechos sobre ella.

De todas formas, incluso cuando el niño puede argumentar su acto, el robo está casi siempre asociado a un sentimiento de culpabilidad. De forma inconsciente, el niño lleva a cabo acciones reprehensibles en casa o en la escuela en busca de un castigo.

☐ Reclamando atención

Normalmente, el robo, en una situación de separación parental, señala una reivindicación de afecto o, por lo menos, de atención. Así, el niño está buscando lo que cree haber perdido: el afecto conjunto de sus dos padres que no logra encontrar en los dos afectos tomados separadamente, como si el antagonismo entre sus padres no le dejaran sumarlos. En su corazón se está operando una resta, más que una suma. Roba objetos o dinero y sustituye por este «material» fácil de conseguir el afecto del cual se siente desposeído. Y es que, a sus ojos, los vínculos de amor entre sus padres han sido reemplazados por conflictos de tipo material y, especialmente, por disputas de dinero.

☐ Una necesidad de orden y normas

Lo mismo ocurre con las normas comunes que el niño había integrado y entre las cuales se halla la prohibición de robar. Para él, el desmantelamiento familiar ha estropeado la coherencia de estas normas. En casa de su madre está permitido dejar las cosas en cualquier sitio, pero en casa de su padre no. En casa de este, por el contrario, está bien ir a la cama tarde. Las reglas ahora son diferentes en casa de uno y en casa de otro. Todo lo común está descompuesto. El niño pierde el norte, no sabe qué normas hay que seguir. Por esta razón, si ha robado, la condena del acto debe hacerse por parte de los dos padres, si quieren que sea eficaz. El niño comprenderá que las normas comunes no han sido modificadas por la separación. El marco protector de la ley sigue vigente. La desorganización en sus valores morales puede leerse también como una forma de regresión moral: el niño vuelve a una etapa, la primera infancia, en la cual estas normas todavía no habían sido integradas. Es necesario que los padres le repitan la permanencia de las normas y de las leyes, y que lo hagan juntos o por separado.

En el adolescente el robo puede indicar una conducta globalmente antisocial. Se siente liberado de una tutela parental gracias al divorcio y se lanza de cabeza a la brecha de la ruptura. Cree que todo le está permitido. O bien dirige contra la sociedad la ira que no se atreve a dirigir contra sus padres. A veces, en situaciones de robo en el exterior, el joven busca inconscientemente un encuentro con la policía o la justicia. En todo caso, el robo siempre indica un sentimiento de desorden familiar. Puede que el tipo de guarda y custodia no funcione bien: el padre o la madre transgreden los preceptos educativos, morales o reglamentarios, el niño tiene problemas serios con el padrastro o la madrastra, uno de los dos padres estafa al otro, etc. El niño espera inconscientemente que las «autoridades» interpeladas pongan las cosas en orden.

□ La autoridad, misión de los padres

El robo también es un intento desesperado de volver a encontrar a los padres, de reencontrar su afecto y su autoridad. Es el caso de Juliana, de 13 años, cuyos padres están en proceso de divorcio desde hace un año. Se hallan atrapados en un gran conflicto. Toda su atención y su energía parecen dedicadas a la destrucción del recuerdo de su amor. Son abogados los dos, el derecho es su casa común. Ahora se destrozan mutuamente con la misma intensidad que antes se cuidaban y se querían. Su odio les hace olvidar sus funciones como padres. Juliana se siente poco atendida, abandonada a su propio juicio. Primero comete algunos robos sin consecuencias en una gran superficie. Luego sube un grado, se deja llevar por dos amigas y roba en el domicilio de una compañera de clase, después de haberle cogido las llaves de casa. Sorprendida con las manos en la masa, se encuentra, de repente, delante del juez de menores. Sus padres también. Para ellos es un flagrante toque de atención sobre su misión parental.

□ Un comportamiento protector

Para entender las conductas del robo, podemos interrogarnos también sobre una proximidad demasiado grande entre el niño y el padre o la madre. Cuando después de la separación el padre o la madre comparten la cama con su hijo, infringen la barrera del pudor, le exponen su pena y sus sentimientos íntimos y lo convierten en su principal confidente. Entonces dejan de ocupar una posición de padres de pleno derecho. Crean en su hijo la ilusión de ocupar el lugar de un compañero, y para este significa que puede conseguir más derechos sobre ellos. El robo, en este caso, se puede interpretar como un modo de reivindicación. También es una conducta de protección, como para Elsa, una adolescente que vive una semana de cada dos en casa de su padre y que, inconscientemente, decidió alterar los vínculos afectuosos con él, porque los percibía como amenazantes desde que su padre había vuelto a ser un hombre soltero. Y se convirtió en delincuente y ladrona. Sustraía cosas para sustraerse ella misma a su padre.

El robo también puede ser vivido por el niño de padres divorciados como un robo de necesidad. El niño puede querer ayudar a su madre, a quien ve luchar con dificultades económicas debido a la separación.

Finalmente, a cualquier edad el robo puede ser una simple descarga motora frente a una tensión insoportable en casa. Es un acto de alivio que previene otros actos potencialmente más perjudiciales para la salud del niño, incluidos los accidentes.

☐ **Cómo reaccionar**

Si el robo traduce una desorganización de los valores morales del niño o una forma de regresión a una etapa donde no tenía el mismo sentido, hay que recordarle la permanencia de las leyes, a pesar de la separación de los padres. Para ello es imprescindible que la madre y el padre, o, en su defecto, los abuelos maternos y los paternos, tengan un lenguaje común sobre el tema. La interiorización de la ley social pasa por la interiorización de las reglas parentales. Dicha interiorización puede ser perturbada por una cuestión de carencias o de distorsiones educativas ligadas al desmantelamiento de la familia.

La actitud adecuada de los padres cuando descubren el robo es rehusar la complacencia, aunque sin caer en reacciones violentas. Recordar la ley, así como expresar su decepción, es capital. Se informará de lo sucedido al otro padre, pida o no el niño que se guarde el secreto. Y, por supuesto, se devolverá el objeto a su dueño y el niño, o, en su defecto, el padre o la madre presentará excusas. El padre no hará comentarios negativos sobre su hijo delante del propietario del objeto o del dinero. Si el niño se siente muy culpable precisaremos que condenamos el acto, pero que, a pesar de todo, lo seguimos queriendo, porque sabemos que, por otra parte, tiene cualidades, y le aseguraremos que estaremos pendientes de que no vuelva a suceder. Por último, después de hablar con él, trataremos de entender el origen de su comportamiento.

◻ **Dos escollos a evitar**

Los dos escollos extremos que hay que evitar son la complacencia y el rigor excesivo. Hay que condenar el comportamiento sin reducir al niño a su acto. Hay que reprobar el robo, decirle al niño que si fuera un adulto quizás habría acabado en la cárcel, pero no se le debe tratar de ladrón. Hay que enunciarle o recordarle el derecho, pero no encerrarle en una definición de ladrón que él podría hacerse suya en un momento de la vida en que está desorientado y quiere encontrar una nueva identidad sin mucho esfuerzo. Una reacción demasiado violenta podría encerrar al joven culpable en la repetición de su acto por un proceso masoquista. A la inversa, la complacencia podría ser entendida por el niño como una invitación a repetir el acto y a creer que su víctima aprecia esta actitud delictiva.

La complacencia o el mal ejemplo de los padres, sean reales o imaginados por el niño, son susceptibles de inducirlo a conductas antisociales. Puede que la separación de los padres modifique los esquemas de identificación con ellos. Hugo, de 16 años, roba regularmente y hace negocio con los objetos robados en el instituto. Por otra parte, es un chico inteligente, culto, bastante buen alumno y deportista. Pillado por el personal del establecimiento escolar, se interpuso una queja, a la que se añadieron otras de padres que se preguntaban sobre el origen de objetos ocultados por sus hijos. La policía encontró en el trastero del apartamento familiar muchos objetos robados, desde ropa hasta material informático. Hugo fue condenado a una pena de trabajos de interés general y su padre lo trajo a mi consulta. Los padres de Hugo están divorciados y el padre es quien tiene la guarda y custodia. Hugo ha sido educado según los principios sociales vigentes. Su madre se ha preocupado por transmitirle sólidos valores morales. Hugo admira a su padre. Muy cercano a su madre cuando era pequeño, ahora declara querer triunfar como su padre, quien ha fundado varias empresas. El hijo me dice con cierto orgullo que piensa que su padre hace bastantes chanchullos. Y no se equivocaba, ya que más tarde me enteré de que Hacienda le estaba investigando por malversación. El padre había encontrado un buen abogado en la persona de su hijo, que decía: «Ahorcan a los pequeños ladrones y saludan a los grandes».

Hice el seguimiento de otro adolescente que llegó a mi consulta por una conducta repetitiva de robo. Su comportamiento se explicaba por el hecho de que no reconocía a sus padres desde la ruptura. Él también decidió ser otra persona y tiró todos los principios educativos recibidos por la borda.

¿Hay que hablar de los asuntos de dinero?

La situación económica de las familias se ve modificada por la separación, que ocasiona nuevas cargas para los padres: dos apartamentos, dos coches y, a menudo, más gastos de manutención. Según las estadísticas, son las mujeres las que mayoritariamente ven disminuir su nivel de vida. Cuando los ingresos bajan y hay que limitar los gastos, conviene informar al niño acerca de lo que en adelante será posible comprar y lo que no. El niño necesita conocer y aprender las leyes «del mercado». Nos abstendremos de cargarle la culpa al otro padre; esto afectaría sobre todo al niño, que sentiría vergüenza del padre incriminado. Hay que evitar los comentarios del tipo: «Tu madre quiere arruinarme con la pensión que reclama» o «Tu padre nos ha dejado y ahora no tenemos dinero por su culpa». El niño debe saber que la pensión pagada por su padre (o, en casos raros, por su madre) está destinada a su manutención. Ciertos padres están poco presentes, pero pasan la pensión con regularidad. El niño debe saber que este dinero representa a su padre y que permite responder a sus necesidades, cuando no a sus deseos. El padre alimenta, y esto merece que se hable positivamente de él.

Aunque el padre no pague la pensión que le corresponda, la madre no estropeará la imagen paterna. Podrá decir algo como: «A lo mejor tu padre tiene problemas económicos». Si no es este el caso y le parece necesario informar al niño de que su padre, a pesar de sus medios económicos, no le hace llegar ninguna pensión, puede decirle que hay hombres «para quienes el oficio de padre es difícil». Puede añadir que esto no significa que no lo quiera. El niño siempre necesita saberse o creerse amado para crecer armoniosamente.

Se puede explicar al niño que el tren de vida ha cambiado. ¿Por qué no aprovechar la ocasión para enseñarle el precio de las cosas? Si sabe contar y el tema le interesa, ¿por qué no decirle cuánto ganamos al mes y cuánto pagamos de alquiler, por ejemplo? No obstante, no hay que evocar el tema del dinero en exceso. Se puede decir que hay cosas indispensables, que responden a las necesidades, y que el resto es para el placer. Desde su más temprana edad, el niño puede ser informado de que ganamos dinero trabajando y de que en el banco sólo encontramos el dinero que hemos depositado previamente. De esta manera, el niño puede entender que las limitaciones que ponemos a sus demandas no están ligadas a unos estados de ánimo, sino a la realidad. Puesto que nosotros escogemos entre tal y tal cosa a causa del dinero, le podemos proponer que él también escoja y se decida por un juguete u otro.

Si declara que con su padre consigue más regalos, su madre le contestará que está muy bien, que se alegra de ello, pero que, justamente como tiene muchos con su padre, no hace falta comprar más y que pueden aprovechar el dinero para la ropa, la comida y algún material escolar. Le dirá que cada uno de los padres tiene su propio dinero, pero que las cosas que son para su bienestar son su verdadera cuenta común. Es inútil que se culpabilice si no le puede ofrecer todo lo que sí se podía antes del divorcio. De todos modos, todos sabemos perfectamente que un niño necesita, principalmente, cariño y atención. El resto es superfluo. Si pone a su padre por las nubes por el tema de los regalos será porque quiere convencerse de que este es un buen padre, sobre todo si no puede dedicarle tanto tiempo como su madre. Es bueno que la madre reconozca el valor de los regalos del padre, pero no dudará en decir a su hijo que ella le regala cada día su amor, incluso cuando no está, y que ese es un regalo que no tiene precio.

No le gusta la nueva mujer de su padre

¿Como padres, hemos preparado con suficiente tiempo la instalación de nuestra nueva compañera en casa? Lo mejor es hablar con los hijos antes de que la conozcan, para que así se preparen, nos formulen sus preguntas y nos comuniquen sus posibles inquietudes. Así estimularemos su curiosidad por conocerla. Luego podrá venir ella para compartir una comida, más adelante pasar un día, luego un fin de semana, y llegará el momento de pasar la primera noche todos juntos en la misma casa, pero para ellos no será traumático, porque se habrán familiarizado poco a poco con su futura madrastra. Hay que dejar que los niños se acostumbren a ella, y viceversa. Si los niños ponen mala cara, les diremos que esa mujer nos hace felices y que se lo pueden agradecer, igual que nosotros nos sentimos felices cuando ellos también lo son gracias a sus amigos o por el motivo que sea. Un padre feliz es un mejor padre. Les diremos que el amor que sentimos por ella no es amor de menos para ellos. Es como una planta que crece en otro tiesto: no se alimenta de la misma tierra. Les diremos que es nuestra nueva mujer, pero no su nueva madre, que ellos sólo tienen una madre, pero que la pueden querer como a una madrastra, es decir, ni como a una madre ni como a una enamorada, y que les toca a ellos inventar su propia manera de quererla. Cuando la quieran, sabrán cómo es la manera de querer a una madrastra. Añadiremos lo siguiente: «No os mandará, excepto si se lo pido, pero os podrá dar consejos que os invito a seguir, porque creo que tiene buenas ideas. Tampoco tiene la obligación de ocuparse de vosotros, pero espero que le deis ganas de hacerlo, porque podría resultar útil a vosotros y a mí me haría un favor. Quererla no es faltarle al respeto a vuestra madre. Aunque vuestra madre la critique, porque ella quisiera que yo fuera su marido todavía, vosotros tenéis el derecho de quererla. Pero, insisto, no es una obligación. Sin embargo, la tenéis que respetar, es decir, tenéis que ser educados con ella, no decirle palabrotas o cosas feas y no haceros los sordos cuando os hable. Ella también os debe respetar».

☐ Cómo reaccionar

Es importante reservar tiempo libre para los hijos sin la nueva compañera. Si se tiene más de un hijo, también sería bueno poder reservar tiempo para estar a solas con cada uno de ellos. Exigiremos a nuestra nueva compañera que no critique nunca a la madre de nuestros hijos y le pediremos que no intervenga en los debates acerca de decisiones del futuro (la elección de una escuela, por ejemplo). Si nuestros hijos siguen criticándola, nos pondremos firmes y les reñiremos: «No os autorizo a faltarle al respeto a mi mujer. Cuando seáis adultos, yo respetaré a vuestros compañeros. Si la queréis criticar, no lo hagáis en su presencia. Sé que sería fácil para vosotros echarle la culpa del divorcio de vuestros padres, pero no es así. Si el amor surgió entre ella y yo es porque había un espacio vacío entre mi ex esposa y yo. El amor, desafortunadamente, se perdió. No sé realmente por qué quise tanto a la mujer que se convirtió en vuestra madre y también ignoro por qué no la quiero así ahora. Aunque me separara de mi nueva mujer, no me volvería a casar con vuestra madre. Sé que la separación os entristece y vuestra tristeza me entristece a mí. Intentemos ser felices ahora. Vuestra madre y yo queremos seguir haciéndoos felices, cada uno por su lado, pero siempre junto a vosotros». Si el estado de la relación que se tiene con la ex mujer lo permite, se le puede pedir que intervenga para que exija este respeto a los niños. Si estos se sobrepasan y se portan muy mal con la nueva mujer, si la insultan, a pesar de una actitud conciliadora por su parte, les diremos que no vamos a permitir que dominen su vida amorosa. En un caso extremo, se puede amenazar: «Si no aceptáis a mi nueva mujer, no podré irme de vacaciones con vosotros. Tendréis que ir de colonias». Es una buena idea pasar las primeras vacaciones con más amigos, ya que la presencia de otros adultos y otros niños permite evitar las relaciones duales, de modo que las pasiones y las tensiones se diluyen en el ambiente del grupo. Cada vez que haya alguna dificultad será bueno recordar las cosas, volver a explicarlo todo y tener presente que en cada edad surgen nuevas preguntas.

□ **Palabras que tranquilizan**

Veamos otros argumentos por si los niños se siguen quejando de su madrastra: «Quizás estéis decepcionados. Esperabais más de ella. Os gustaría que os hiciera más caso. Si queréis, se lo comentaré, pero mientras tanto sed amables con ella. Quizá creéis que ella me aparta de vosotros. En todo caso, haré lo posible para pasar más tiempo con vosotros, pero debéis saber que el tiempo que paso con ella no lo habría pasado con vosotros, creo que seguramente lo habría pasado con mis amigos o buscando otra novia. Tenéis que saber también que, aunque yo esté con mis amigos o con mi enamorada, vosotros estáis siempre presente en mi cabeza y en mi corazón. Sé que ella no sólo tiene cualidades, es verdad, también tiene defectos, como todo el mundo, incluso tiene defectos que no acepto en vosotros, pero vosotros sois mis hijos, sois jóvenes y tenéis la suerte de poder cambiar todavía y mejorar, y, como cualquier buen padre, quiero que seáis perfectos, aunque sepa, como cualquier buen padre, que esto no es posible, porque nadie lo es. Así veis que se puede amar a alguien a pesar de sus defectos... Y esto no deja de ser una suerte, porque si no fuera así, nadie se enamoraría. Tú, hija mía, no creas que tienes que parecerte a ella para que yo te aprecie más, no te alarmes por no tener el mismo carácter que ella. Los hombres no queremos a nuestra hija y a nuestra mujer por los mismos motivos. Y que los defectos de mi mujer no me molesten no significa que haya que copiarlos; es mejor imitar las cualidades». Si el niño no para de comparar a la madrastra con su propia madre se le puede decir: «Te parece que tu madre es más guapa y más interesante..., pues tienes razón. No me arrepiento de haberla encontrado; por esas cualidades tuve un hijo con ella. Pero tu madre no es mi madre, y yo no la veo con los mismos ojos que tú. Tú la ves como un hijo y yo como un ex marido. Un hombre cambia y sus gustos pueden cambiar; además, podemos tener gustos diferentes, nos puede gustar el chocolate, pero también la vainilla. ¿No tienes tú amigos muy diferentes? No los quieres ni más ni menos, sino de una manera distinta. Sólo tenemos una madre, y por eso el amor que sentimos por ella sólo tiene una forma. Amar a un hombre o una mujer es algo distinto».

Se hace el bebé

La separación de los padres desencadena una ruptura en la temporalidad del niño. Se instaura en su cronología psíquica un «antes» y un «después» del divorcio. «Antes», me explica Sebastián, «tenía muchos amigos, ahora no». Esto hace pensar en el concepto del tiempo que San Agustín expone en sus *Confesiones*. Evoca un tiempo que podemos dividir en un presente de las cosas pasadas (memoria), de las cosas presentes (percepción activa) y de las cosas futuras (espera). El presente de las cosas pasadas, tal como aparece en la memoria del niño, adquirirá unas proporciones superlativas después de la separación. Se convierte en un paraíso perdido. El niño lo idealiza y a veces huye hacia este pasado adoptando actitudes regresivas, volviendo a ser un bebé. Cuando ocurren situaciones graves, el tiempo de las cosas presentes se estanca. Es un tiempo que se inmoviliza, se vuelve rígido y es colonizado por el trauma del divorcio y el intento obsesivo por negarlo. El presente de las cosas futuras, que debería definir las expectativas, los ideales del niño, está refrenado, sin porvenir. En los casos extremos se produce un impedimento para la acción que se traduce en el niño en un impedimento para crecer y madurar.

Los padres de Sergio, de 5 años, le acaban de anunciar su deseo de dejar de vivir juntos. Él responde: «Pero si no estáis juntos, ¿cómo podré nacer?», con lo cual mezcla ser y nacer. Se ha producido, como en todos los niños que sufren un *shock,* una efracción en la idea de la conciencia de sí mismo y ha surgido la angustia de morir o más bien de no ser nada. Podríamos evocar, según los términos de Missenard,[6] «un desgarro psíquico con hemorragia narcisista relacionado con la ocurrencia salvaje de la fantasía de su no-existencia». El trauma de la separación de los padres puede proyectar al niño en el tiempo T1 de antes de su nacimiento. Pierde la ilusión narcisista de su invulnerabilidad. Se enfrenta a su impotencia. Se cree que ya no es nada. No puede desaparecer, pero, en su defecto, se hace pequeño, olvida las competencias adquiridas, vuelve a tener comportamientos de bebé. Es el caso de Roberto, de 6 años, que vuelve a mojar la cama, de pronto no consigue leer, está muy torpe, coge los juguetes de su hermanita de 2 años para jugar y llora exactamente como lo hacen los bebés.

El trauma de la separación puede inducir en el niño una vuelta a unos modos de expresión anteriores en lo que a comportamientos, pensamientos y relaciones afectivas se refiere. La regresión es un movimiento psicológico defensi-

---

6. «Narcissisme et ruptures» en Kaes y otros, *Crise, rupture et dépassement,* Dunod, 1978.

vo de repliegue. A nivel estratégico, es una vuelta a las posiciones de retaguardia. A nivel económico, la retrogradación es una puesta en reposo de la psique, ya que, estando saturada de estrés, prefiere funcionar a un ritmo más ligero para el niño. Se pone en barbecho para recargar las baterías. El niño tiene así la ilusión de que ha vuelto a un tiempo en que sus padres estaban reunidos encima de él.

☐ Qué hacer

Si la regresión es transitoria, no hay que preocuparse. Hay que mostrar cierta tolerancia. Los padres deben estar al lado del niño y proporcionarle los cuidados físicos que necesita, deben organizarse para pedir la baja y no ir a trabajar, y hacer que el niño no vaya a la escuela; así lo podrán cuidar como cuando era pequeño. El niño necesita ser contenido. No es hora, de momento, de pensar en los beneficios secundarios que podría estar tratando de sacar de esta atención reforzada, ni de imaginar que «el niño se aprovecha». Lo que toca es restaurar al niño pasando tiempo a solas con él, como antes. Podremos volver a los sitios importantes de su vida, la guardería o el parvulario, visitaremos a los miembros importantes de la familia, a los abuelos, también a la niñera que lo cuidaba cuando era un bebé. Le hablaremos del pasado, le enseñaremos fotografías, lo tranquilizaremos acerca del futuro y la permanencia del vínculo de su padre y su madre con él. También haremos de su presente un regalo. Actitudes demasiado firmes o de rechazo tan sólo contribuirían a reforzar la regresión. Puede haber el peligro de que este estado, en principio transitorio, se vuelva permanente. La capacidad de restauración del niño depende de la calidad de las interacciones antes de la separación. Si la separación estuvo precedida por relaciones afectivas caóticas, con una desorganización educativa, el pronóstico no es tan bueno, y si el estado se prolonga más allá de las tres o cuatro semanas hay que consultar con un psiquiatra infantil.

Se vuelve manipulador

A veces el niño se precipita en la brecha educativa abierta por la dislocación de la pareja parental. Siente que es una pieza importante del mecanismo del conflicto entre sus padres y puede meterse en el papel de forma peligrosa, bien porque se perfilan muchos beneficios secundarios, bien porque no sabe ya a qué santo encomendarse. Ciertos padres debilitados psicológicamente por el divorcio empiezan a tener comportamientos educativos inadaptados, tales como una sobrevaloración afectiva o una permisividad resbaladiza. Lo más normal es que el niño responda con una recrudescencia de caprichos. Ciertos padres «compran» al niño con regalos, sobre todo a los ojos del otro padre, fuera de los días señalados o de ocasiones especiales. A veces ocurre que toda la familia se contamina con este proceder y surge una competencia a este nivel. El niño manipulado se convierte, naturalmente, en un manipulador y, como pierde toda referencia de decoro, reclama cada vez más. Los papeles se invierten, el niño ostenta el poder sobre sus padres y cree poder maniobrar a su aire. Puede ser embriagador para él. En todo caso, experimenta una regresión y tiene otra vez la ilusión del pequeñito de tres años que se cree todopoderoso e intenta dominar la relación entre sus padres. Se sumerge en un mundo irreal, el de la fantasía, y, como Blancanieves o Ricitos de Oro, deja a su familia para escoger otra. Pero lo embriagador no quita lo angustiante, y esta es una situación que genera pesadillas, porque el sentimiento de dominación sobre los que, en teoría, están para protegernos implica que, de ahora en adelante, no nos podremos amparar en su poder.

☐ **La historia de Martina**

Martina se separó de su compañero hace dos años y vive sola con sus tres hijos. Ama de casa hasta entonces, encontró un trabajo de secretaria a tiempo parcial después de la separación. A pesar de la pensión alimentaria, su nivel de vida ha caído en picado. Su ex marido, alto ejecutivo nacido en el seno de una familia adinerada, no ha tenido las mismas dificultades. Martina se siente molesta y pierde la compostura cuando una de sus hijas, la más materialista, se queja de no encontrar en casa de su madre el mismo confort, las mismas actividades, las mismas vacaciones ni los mismos regalos que en casa de su padre. Martina consulta, recibe consejos, que aplica, y empieza a encarar las quejas incesantes de otra manera, es decir, con serenidad y sin sentirse culpable. Explica a su hija que está contenta de ver que se beneficia de todas las ventajas materiales que le proporciona su padre y le comenta que no se opone a que circulen esas cosas de una casa para otra. Le aconseja asociar lo que recibe de cada uno de sus padres, en vez de perder el tiempo haciendo cuentas, y le dice que si sus padres no se hubieran separado, ella recibiría lo mismo. Todas las cosas materiales que le regalan, así como el amor que recibe, son cosas que se suman, no cosas que se dividen. Le precisa que al ser la hija de los dos, también es la cuenta común de ambos. Cuando su hija se queja de no estar en el Caribe con su padre, mientras tiene la suerte de pasar las vacaciones con su madre en un pueblo de la costa, Martina se muerde la lengua de rabia. Y, de paso, como respuesta a su falta de delicadeza, le invita a aprovechar lo que tiene y le aconseja estudiar y esforzarse todo lo que haga falta para poder conseguir, más adelante, un trabajo que le permita llevar la vida de lujo que, de momento, parece ser la única cosa que le interesa. Martina, por supuesto, se da cuenta de que en el centro de las quejas de su hija está la nostalgia del pasado.

☐ Cuando se niega a ver a uno de sus padres

La capacidad manipuladora del niño a veces adopta formas mucho más dramáticas, por ejemplo cuando decide no volver a ir a casa del otro progenitor o, incluso, pide no verlo nunca más. Puede llegar a sembrar la discordia entre sus padres, quienes por sí solos ya se entienden con dificultad, como si quisiera imitar a los adultos que lo rodean y demostrar toda su mala fe y su doble juego. Los informes solicitados por el juez pueden confundir al niño si no se lleva a cabo con mucha precaución, y pueden hacerle pensar que está en sus manos decidir con qué padre va a vivir. De todos modos, el juez solicitará que el niño se entreviste con un psicólogo o un asistente social antes de tomar una decisión respecto a la tutela. Sería un disparate educativo que el niño decidiera, una falta de responsabilidad por parte del mundo adulto y una ruptura de las leyes generacionales que, a la fuerza, generaría conductas delictivas y provocaría una profunda culpabilidad en el niño. A no ser que este sea un adolescente maduro, corresponde a los adultos saber qué le conviene. Su testimonio es un elemento importante de reflexión, pero no el único parámetro para tomar la decisión. Sería demasiado fácil para un padre empujar al niño a repudiar al otro progenitor manipulándolo, consciente o inconscientemente. Pero no hay que confundir el interés y los derechos del niño con sus deseos. Exceptuando los casos de malos tratos, en que el juez aplica la ley y declara al padre no apto para hacerse cargo total o parcialmente del menor, está claro que el niño hasta los 18 años[7] está bajo la responsabilidad, autoridad y protección de sus dos padres.

Dice que de mayor no se casará

«Cuando sea mayor no me casaré, porque el matrimonio siempre acaba con un divorcio», dice Javier, de 9 años, cuyos primos y mejores amigos tienen padres que, como los suyos, están separados. No debemos alarmarnos si nuestro hijo dice lo mismo. Ciertos niños de esta edad piensan que no se casarán, aunque sus padres vivan juntos. Es, simplemente, porque están en una edad en que la diferenciación niño/niña tiene una gran importancia. En cierta etapa, los niños varones se construyen asimilando sólo lo masculino y guardando sus distancias con las niñas y con todo lo que perciben como femenino. A las niñas les sucede lo mismo. Es fácil observar este fenómeno a la hora del patio en las escuelas de educación primaria: estudian juntos desde hace años y la paridad entre los niños y las niñas es ya un hecho consumado, pero no juegan juntos.

☐ No dudar en hablar de amor

No hay que trivializar estas palabras del niño, porque pueden indicar una desconfianza hacia el amor conyugal que sería bueno sanar antes de que llegue la hora de los amores adultos. El niño se apropia a veces de la renuncia de un

---

7. Hasta los 16 años si solicita la emancipación.

padre herido por la ruptura (¿para siempre?) y que jura que no volverá a «caer» nunca más. No está prohibido hablar de amor con los hijos. Se les puede decir que casarse no es una obligación. Que si bien es cierto que nada impide que un día se apague el amor, también tenemos el deseo de que dure mucho tiempo. Que el amor es una cosa viva y que, como todas las cosas vivas, evoluciona, cambia de forma; incluso, su forma inicial puede desaparecer. Pero sería una lástima no amar a una persona por pensar que un día podríamos dejar de amarla o porque un día esa persona podría dejar de amarnos a nosotros. Sería tan triste como renunciar a vivir por el hecho de que tenemos que morir un día. El valor de una historia de amor no siempre es su duración. Hay magníficas historias de amor que sólo duran unos meses. Es inútil buscar explicaciones al fin de un amor. No hay más razones para dejar de amar que las que había para empezar a hacerlo. La razón no es lo que regula el amor.[8] También podemos decir: «No me arrepiento de haber amado a tu padre ni de haber creído que ese amor duraría toda la vida, puesto que la magia de un primer amor es ignorar que puede terminar un día. En todo caso, es una historia que existió y, al igual que ciertas estrellas que brillan aunque estén muertas, está inscrita en una parte de ti. Renuncia si quieres a creer en el amor eterno, pero no renuncies eternamente al amor».

Madurez y otras reacciones positivas

La separación de los padres no ocasiona únicamente reacciones negativas, tales como conductas regresivas, trastor-

---

8. Molière, *El misántropo* (1666).

nos del comportamiento y estados ansiosos o depresivos. También se constatan simultáneamente reacciones benéficas indicadoras de sosiego y cicatrización después del sufrimiento.

Cuando la separación llega y pone fin a las escenas conflictivas delante del niño supone un gran alivio para él. Y si permite a los padres sentirse mejor y reanudar más tranquilamente su función parental, el alivio para el niño es todavía mayor. Durante los dos años que precedieron a su separación, Marta estaba tan deprimida que no era capaz de atender las necesidades y los deseos de cariño de sus pequeños. La separación puso fin a la agonía de su historia de amor con «el hombre de su vida». Su corazón, a media asta durante un tiempo, dejó de sangrar. Pudo empezar a curarse y sus hijos comenzaron a recuperarla.

Por otro lado, la separación es también la manera de apartar a un niño de posibles malos tratos por parte de un padre, constituyéndose así en una condición sine qua non para la recuperación de dicho niño.

☐ En el secreto de los dioses

Los niños pueden reaccionar acelerando su proceso de madurez. Podemos asociar una evolución de este tipo con una gran capacidad de resiliencia. Los niños que parecen muy maduros para su edad se han deshecho antes brutalmente, a causa de la separación, de la ilusión de vivir en un mundo inamovible, de ser niños para siempre. Llevan su luto antes de hora, es decir, antes de la pubertad, de las imágenes parentales idealizadas, de las representaciones elaboradas durante la infancia. El niño copia a sus padres para construirse, se estructura a través de mecanismos de imitación e identificación. Para él son todopoderosos porque le han dado la vida. Los padres son divinizados por sus hijos. La separación física y simbólica (mediante la ruptura de los vínculos matrimoniales o amorosos) rompe la representación común de la pareja de padres. El niño pasa de una visión binocular a dos visiones monoculares, pero la representación de cada padre puede permanecer intacta. Son las discordias entre los padres las que modifican la representación que el niño posee de cada uno. Colocado de repente entre bastidores, el niño se ve proyectado en el secreto de los dioses, en el secreto de la intimidad parental.

Sólo un padre tiene el poder de desvirtuar la imagen que un niño tiene del otro padre. Es lo que ocurre en los conflictos cuando los padres se faltan al respeto, se humillan, se desautorizan frente al niño. Los ídolos se rompen ante los ojos de este. Con la ruptura, los niños descubren que sus padres tienen una vida sexual, mientras que antes todo quedaba ocultado. Es lo que ocurre a menudo con los niños de 6 a 12 años. Oyen hablar de la amante de papá o del amigo de mamá, o llegan a sus oídos palabras relativas a la intimidad de cada uno y se les revela su sexualidad. También observan los modos de vida diferenciados de cada uno de sus padres, quienes, afectados por la separación, dejan que su personalidad de hombre o de mujer pueda más que su estatus de padres. Los padres siguen siendo referencias y modelos, pero ya no están idealizados. El niño aprende a relativizar sus palabras, consignas, actitudes, expectativas y poder. Desalojados del paraíso de la infancia, después de haber entrado en el secreto de sus dioses, habiendo estos mordido la manzana de la discordia, ciertos niños sienten pánico al sentirse sin protección divina. Es cuando aparecen las regresiones y las angustias. Otros, y este es el caso de los niños que ganan madurez, cogen al toro por los cuernos, se hacen cargo de ellos mismos y aceptan la nueva libertad y las nuevas responsabilidades. Expulsados del Edén, deciden tener los pies en el suelo. Ahora el niño toma distancia respecto a sus padres. Trata de depender menos de ellos, volviéndose más dependiente de otras actividades o personas. Se dedica más a un deporte, por ejemplo, o a las actividades escolares.

☐ La historia de Irene

Este es el caso de Irene, de 10 años, que nunca había puesto mucho interés en la escuela. Sólo tenía ganas de «divertirse», según su madre, que le dedicaba mucho tiempo cada noche para conseguir que estudiase. Cuando sus padres se divorciaron Irene cambió radicalmente. Renunció, en gran parte, a soñar despierta durante la clase y a jugar con sus muñecas en casa, se volvió atenta y estudiosa en la escuela y empezó a hacer sus deberes sola en casa. En su cabeza, de alguna manera, la escolaridad y la maternidad estaban indefectiblemente vinculadas.

He constatado que, a causa de este vínculo, muchos adolescentes toman distancia con la escolaridad al mismo tiempo que con los padres. En Irene se operó la dinámica inversa. Dependía tanto de su madre que no se integraba totalmente en la escuela, ese otro lugar que habría podido separarla de ella (no quería traicionar a su madre con la «maestra-amante»). Repasar todo el programa con su madre era como introducir la escuela en el seno de la casa. Con la separación, toda su organización afectiva se vio trastornada. No veía a su madre con los mismos ojos. Para soportar el terremoto, Irene escogió explorar ese otro lugar: la escuela. Y así pudo conservar la imagen de su madre de antes de la separación, la que la hacía trabajar, pero la había integrado en ella, en su corazón y su cabeza. Cuando trabajaba de manera autónoma, se identificaba con sus profesores, con todos los adultos que saben, y, al mismo tiempo, Irene era ella y su madre en una sola persona.

☐ Una aceleración de la autonomía

Después de la separación, el niño que gana madurez hará como los adolescentes y buscará otros modelos en el entorno familiar o entre los héroes que circulan por los medios. Esperará menos que sus padres respondan a sus necesidades y aprenderá a desenvolverse solo. El simple hecho de desplazarse entre las dos casas de sus padres implica un mayor grado de responsabilidad potenciado por los mismos padres, que ahora, por ejemplo, le dejan coger el autobús solo. A los hijos les fortalece ver que sus padres, debilitados por la separación, se sienten aliviados por su mayor autonomía y valoran su proceso de madurez. Pero los padres deben ser conscientes de los límites, tanto para ellos como para sus hijos. Es importante no pedir demasiado a los hijos y no dejarles hacer cualquier cosa sin vigilancia, con el pretexto de que se desenvuelven muy bien.

Muchas veces la hipermadurez es de papel-cartón, es sólo una fachada para tapar un gran sufrimiento, es un edificio construido con prisas, más parecido a un castillo de naipes que a una casa bien cimentada y proyectada.

Álex cambió mucho después de la separación. Maduró tanto que empezó a preocupar a su madre. De hecho, el nuevo carácter demasiado serio estaba en las antípodas del niño despreocupado y disperso que era antes. En la escuela, la profesora se pregunta si no debe de estar triste. Lo recibo en mi consulta. Álex es un niño que no se queja. Duerme y come bien. Está atento en clase y se porta muy bien siempre. Es cuidadoso y meticuloso en todo lo que hace. Pero la psicoterapia saca a la luz unas angustias masivas de abandono detrás de este fenomenal control. Inconscientemente, Álex se imaginaba que, de algún modo, su dejadez de niño despreocupado había causado la separación. Entonces su superyó, es decir, la dimensión moral de su conciencia, empezó a ejercer un control muy rígido sobre el conjunto de sus pulsiones y se cristalizó en una posición dictatorial sobre sus deseos inconscientes y sus placeres corporales. Álex creía que así podría controlar todo lo que era susceptible de escapársele, por ejemplo la inconstancia de su universo familiar. El desarrollo de su imaginario y su creatividad empezaron a resentirse y también perdió toda flexibilidad psicológica. Aparecieron tics para aliviar y expresar el exceso de presión interna.

Cuando un niño madura a consecuencia de una separación parental a veces es porque se ha puesto a buscar precipitadamente una salida, juzgando su estado como muy poco confortable, o sea, el estado de un niño muy dependiente de sus padres y que ve que ahora estos están más ausentes. También puede ser un proceso psicológico de endurecimiento defensivo frente a una situación inestable y angustiante. Si detectamos que a nuestro hijo le ocurre esto último, no debemos apoyar su posicionamiento defensivo y, además, evitaremos sobrecargarlo con cada vez más responsabilidades. En caso de una rigidez persistente, no dudaremos en consultar a un especialista.

Las reacciones en la adolescencia

☐ Cuando la adolescencia es un torbellino devastador para los padres

La adolescencia es una etapa de riesgo para los padres. El adolescente, a partir de su pubertad, se convierte en un padre potencial. Esto desplaza cronológicamente a los padres hacia el umbral de una nueva generación. Cuando el adolescente pierde su infancia, los padres pierden su juventud. Por ello, para intentar detener el proceso, los padres y sus hijos se aferran fuertemente los unos a los otros en una relación de interdependencia tierna o conflictiva. El sentimiento del tiempo que pasa, la vocecita de la vejez que se hace oír y la muerte que aparece de repente menos lejana son factores que perturban la tranquilidad de los padres. Han llegado a la mitad, o casi, de sus vidas y para ellos es la hora de hacer el primer balance. La adolescencia de su descendiente despierta sus esperanzas, sueños e ideales de juventud. Comparan su vida actual con la vida soñada. El *shock* es muy abrupto si las renuncias han sido excesivas. Amargura y tristeza llaman a la puerta y se ponen muchas cosas en tela de juicio, se acumulan los malos despertares: «¿Qué he hecho con mi vida? ¿He sabido aprovechar mi juventud? ¿Estoy enamorada de mi marido todavía? ¿Es esto la vida?». Los sentimientos, los afectos, las pulsiones adolescentes se reavivan. Las preguntas existenciales de la adolescencia vuelven a estar a la orden del día si en su tiempo fueron despachadas demasiado rápidamente. La caja de Pandora de las adolescencias parentales, mal cerrada, se abre bajo el *shock* provocado por la de sus hijos. La dimensión sexual de la relación, distinta o, podemos decir, menos presente en la pareja que en tiempos pasados, se convierte en un cuestionamiento clave y agudo. Afortunadamente, muchas parejas de padres tienen cimientos y recursos sólidos para abrirse paso sin problemas y seguir adelante. Otras, totalmente inconscientes de las cosas que realmente están en juego, de las motivaciones que los animan, caen en una grave crisis de pareja. He constatado que la adolescencia de los hijos es un factor de riesgo de gran importancia respecto a la fuerza de una unión. Provoca turbulencias e induce a romper con diversas rutinas, y, por esta razón, la adolescencia de los hijos puede convertirse para muchas parejas en una segunda oportunidad y en un buen estímulo para su dinámica sexual y amorosa. Reactiva el núcleo duro en el corazón de los padres y el fuego del deseo escondido bajo el edredón de la confortable vida familiar. Una pareja que ha sabido preservar el diálogo y el respeto mutuo no tiene problemas a la hora de tomar un nuevo impulso. En el caso contrario, la desunión se antoja inevitable.

◻ La historia de Pablo y Virginia

Pablo y Virginia tienen los dos unos 40 años y son padres de una joven de 17 y un chico de 13 que se llevan muy bien. El hijo es muy «bebé» y está muy apegado a su madre. La hija es una chica muy madura para su edad y se parece enormemente a su padre. Es como si cada uno de los padres tuviera a su propio hijo. Pero las relaciones entre la pareja son difíciles desde hace un año y están pensando en una separación. Acuden a mi consulta para saber cómo hacer sufrir lo menos posible a sus hijos. Pablo me pide una consulta individual y me cuenta que, desde hace unos meses, tiene una amante, una mujer de 20 años. Yo no percibo un verdadero amor cuando me habla de esta joven, Adriana. Por el contrario, está claro que el amor sigue fluyendo entre él y Virginia. Se conocieron a la edad de 20 años e iniciaron rápidamente su vida de pareja arrastrados por la pasión. La historia de Pablo es la siguiente: creció con su hermano menor y su madre. Su padre murió cuando tenía 12 años. Su madre, afligida por la pérdida de su marido, nunca volvió a vivir en pareja. Veía en Pablo el retrato del hombre a quien tanto había amado y esto era un consuelo para ella. Pablo se convirtió un poco en el hombre de la casa. La madre de Pablo murió cuando este tenía 20 años. El encuentro con Virginia le permitió volver a ver la luz. Gracias al juego de parecidos y las sesiones a solas con él, entendí la naturaleza del malestar de Pablo. Su apego a su hija, haciéndose eco del apego que le tenía a su madre, es doblemente amenazador para él: la prohibición del incesto y el peligro de muerte. El fallecimiento de su madre fue percibido inconscientemente por Pablo como el castigo a sus deseos incestuosos durante su adolescencia. Sintiendo, inconscientemente también, deseos por su hija, teme terminar como su madre. Su encuentro con Adriana, que, de hecho, tiene más o menos la edad de su hija, le permite obtener una satisfacción desplazada y sin riesgo. Al mismo tiempo, encuentra en la nueva unión el poder protector y consolador que conoció con Virginia cuando se quedó huérfano a los 20 años. Inicialmente Pablo vino a mi consulta en busca de consejos para poder anunciar la separación de la manera menos ruda posible a sus hijos, pero, finalmente, emprendió un trabajo personal que lo liberó de sus fantasmas y fantasías. Como el amor era todavía muy vívido entre Pablo y Virginia, pudieron reanudar su historia y todavía están juntos.

☐ **Cuando los padres son un torbellino devastador para los adolescentes**

Cuando la separación de los padres coincide con la adolescencia de los hijos, el trauma interviene en el corazón mismo de las reorganizaciones afectivas y psicológicas que caracterizan esta etapa de la vida. Las reacciones afectivas en el periodo de la separación son agudas. Por supuesto, el impacto será variable según las personalidades del adolescente y de sus padres, según el estado de las relaciones parentales antes del divorcio y, sobre todo, según el cariz amigable o conflictivo de la separación.

En las situaciones difíciles el adolescente puede sentir y expresar su tristeza, su dolor y también su ira. Para el adolescente es como si sus padres le traicionaran después de haberle entretenido con ilusiones de perennidad a lo largo de su infancia. Vive el desgarro de sus padres como el eco de su infancia que se rasga dentro de él. Se tiene que despedir de la niñez y da la culpa de ello a la separación de sus padres (igualmente habría tenido que salir de la niñez, aunque sus padres permanecieran juntos). Es frecuente que uno de los dos padres «pague el pato» más que el otro, el padre que el joven considera como responsable.

El rencor que siente el joven puede verse acompañado, en un segundo plano, por un sentimiento de culpabilidad si realmente escoge entre un padre u otro y si se pone en pie de guerra contra uno de los dos. Es una situación que puede trabar el proceso de emancipación característico de la adolescencia e implantar al joven en una dependencia con respecto a uno de sus padres, generalmente el que está más debilitado por la separación o aquel que el adolescente percibe como más disponible para su deseo edípico. De hecho, va a frenar la necesidad de autonomía propia de su edad porque le puede parecer demasiado violenta para el padre que está solo. La reacción habitual de compromiso frecuentemente es un estado depresivo en el joven que vuelve su agresividad contra sí mismo y se mantiene «pequeño» en la regresión (regresión, por otra parte, propia de toda depresión).

El adolescente puede llegar a juzgar a sus padres, no ya simplemente en el marco de sus funciones parentales, sino como hombre y mujer, creyéndose autorizado a ello por la exhibición de intimidad en los conflictos o las confidencias. De la misma manera, tomará posición acerca del nuevo compañero (o la nueva compañera). La presencia de amantes en casa de sus padres, la confrontación con los nuevos comportamientos sexuales de sus padres le harán tomar conciencia de que estos también son sujetos sexuales, mientras él negaba o inhibía saludablemente esta dimensión para protegerse mentalmente de la angustia del incesto en un momento en que su cuerpo se vuelve púber. La reactivación de esta angustia se expresará de distintas maneras, pero, esencialmente, se manifestará con una toma de distancia más acusada por parte del joven.

En la adolescencia el niño debe quemar a sus ídolos y lo tiene que hacer prudente y progresivamente, ya que, de lo contrario, corre el riesgo de quemarse con ellos, porque él se ha construido a partir de los modelos que le proporcionaban. Además, uno no se puede despedir así como así de trece o catorce años de relaciones íntimas. No se trata tanto de tomar distancia física con ellos, sino de guardar luto por las imágenes parentales que uno lleva dentro. Cuando el joven está confrontado al divorcio, la desidealización parental se acelera. Es un fenómeno que acarrea tristeza, nostalgia y sentimiento de vacío, así como una gran ansiedad que se expresará mediante agresividad o somatización (dolores abdominales, migrañas, eczema, etc.). A veces, el adolescente rechaza en bloque a sus dos padres y así rechaza a la mayor parte del niño que era y todavía es; lo hace porque muchos vínculos de identificación lo atan a ellos dos juntos.

Para evitar el naufragio, se aferra a sus hermanos o a otros miembros de su familia, tíos o abuelos, que hasta ahora también han sido modelos de identificación y llevan consigo una parte de los modelos parentales. Pero, lamentablemente, en muchos casos los vínculos colaterales no se pueden mantener. La oposición dirigida en un principio contra sus ascendentes se dirigirá potencialmente contra la sociedad en su conjunto. Amenazado en su sentimiento de identidad, el adolescente puede responder a sus angustias pasando a los hechos y adoptando conductas delictivas, de autoagresión o suicidas. Por esta razón, durante la adolescencia, cuando los padres se pelean, es bueno que el joven tenga la posibilidad de relevos en su familia o en sus actividades. El adolescente puede adquirir su autonomía acercándose e identificándose con sus profesores o, si la escuela no funciona bien, con sus monitores o entrenadores de deporte, música o cualquier otra actividad de ocio. La apertura al exterior con nuevos modelos de identificación se precipita, y podemos ver cómo, efectivamente, los preadolescentes ganan madurez, autonomía y responsabilidad a raíz de la separación de sus padres. A falta de relevos de este tipo y de una evolución positiva, un internado es una buena alternativa, puesto que allí habrá un entorno adulto que lo apoyará en su proceso de identificación.

Con el propósito de deshacerse lo más rápidamente posible de sus representaciones parentales, el adolescente puede adoptar un distanciamiento físico: saldrá cada vez más, se encontrará con amigos fuera o en casa de ellos y, en el caso más extremo, se fugará.

El distanciamiento también es verbal. Este es el caso de Samuel. Desde que su padre se ha ido y él vive solo con su madre, sigue hablando con su padre, que ve cada dos fines de semana, pero prácticamente no habla con su madre, a quien ve cada día. La madre no lo entiende, porque precisamente antes del divorcio dialogaba mucho con Samuel, envueltos los dos en un manto de complicidad y bajo la mirada complaciente del padre. Ahora Samuel ha optado por encerrarse en un silencio espeso.

En el caso contrario están los adolescentes que llenan el espacio que hay entre ellos y el progenitor con quien viven con tormentas de palabras desmedidas y groseras proferidas en un tono colérico y en un argot bastante apartado de su lengua «materna». Es importante que los adultos entiendan esto como una protección y una emancipación. Sin embargo, deben condenar todos los insultos que señalan una ruptura del diálogo. Nada les impide volver a transcribir delante de ellos su discurso en términos más «clásicos» («Quieres decir que...», «Supongo que...») y continuar el intercambio con su lenguaje de siempre. Por supuesto, no conviene adoptar el lenguaje de los hijos adolescentes, porque entonces no se respetaría su necesidad de distanciamiento.

De manera más clásica, el adolescente se distanciará aislándose delante de la pantalla del ordenador o escuchando «su» música con los auriculares durante horas. Otra señal es el cambio de apariencia, el corte de pelo, el maquillaje, la musculación, el estilo de ropa, los accesorios (bisutería, *piercing*, etc.). Si todo esto no basta, el adolescente puede adoptar conductas delictivas para cambiar su imagen de niño bueno que ha integrado las prohibiciones transmitidas por los padres. En el peor de los casos, cuando no consigue distanciarse, puede llegar a tener comportamientos suicidas expresando así una voluntad extrema de distanciamiento con la vida anterior.

El adolescente puede creerse responsable en parte de la separación, porque, además, en las reorganizaciones de la adolescencia se produce una reviviscencia de las pulsiones edípicas y, por consiguiente, de las posiciones de apego y de rivalidad para con uno u otro padre. Puede ser que interprete la separación como la consecuencia desafortunada de sus sentimientos de hostilidad contra el uno o el otro. La culpabilidad puede generar conductas de autoagresión, repetidas tomas de riesgo y accidentes. Cuando los padres se juntan cada uno con un nuevo compañero hay un sosiego de las pulsiones edípicas, pero el padrastro o la madrastra a veces se ven enfrentados a los asaltos de su hijastro o hijastra, que ven en ellos a un rival o, al contrario, a una persona demasiado atractiva.

Si es cierto que la separación puede agravar algunos trastornos psicológicos ya presentes en el adolescente, también lo es que en la mayoría de los casos asistimos a un apaciguamiento global en el joven gracias al cese de los continuos conflictos que hacían el ambiente insoportable.

☐ Algunos consejos

Los padres, para protegerse, tienen que informarse y prepararse para que las ráfagas que se estrellen en su pareja cuando su «pequeño» se convierta en un adolescente no los pillen desprevenidos. No se trata de conformarse con la rutina, sino de volver a descubrir una verdadera vida de pareja hecha de atenciones mutuas, diálogo, reencuentros en los juegos de los cuerpos, fines de semana a solas o con amigos y proyectos nuevos.

Además de los consejos generales, válidos para los niños de cualquier edad, respecto al anuncio de la coparentalidad, hay una serie de recomendaciones específicas para los padres de adolescentes. Es vital que el adolescente sea reconocido como tal, que los padres no se porten con él como si todavía fuera un niño o, dicho de otra manera, le tienen que conferir nuevos derechos y nuevos deberes. Confiarle nuevas responsabilidades no significa darle el sitio del progenitor que falta. La responsabilidad en este caso significa una menor dependencia con respecto a sus padres. Se ocupará más de sus cosas, arreglará su habitación solo, se encargará de sus compras personales y de las gestiones administrativas que le conciernan. Esto no significa, en absoluto, que hará de papá o mamá «bis» del hermanito o la hermanita, ni que se ocupará sistemáticamente de la cena o la colada familiar; tampoco será cuestión de mirar la tele con el padre o la madre metido en la cama de este o de esta, ni hacerles masajes. Debemos mantener una distancia con nuestro hijo adolescente, sobre todo si vivimos solos con él. Llamaremos a la puerta antes de entrar en su habitación, no fisgonearemos en sus cosas (o, en todo caso, lo haremos muy discretamente), no le dejaremos campar a sus anchas por nuestra habitación, colocaremos un cerrojo en la puerta del baño, no nos pasearemos desnudos delante de él y no nos desahogaremos con él acerca de nuestro sufrimiento afectivo. Si hay transgresión, la tomaremos en serio y aplicaremos un castigo, pero sin dramatizar. Informaremos sistemáticamente al otro progenitor sin tratar de culpabilizarle y le avisaremos del castigo. Evitaremos reproches que impliquen al otro padre: «¡Te portas tan mal como tu padre!», «¡Deja de hablar así, ni que fueras tu madre!». Resistir en la posición de adulto no significa bloquearse en enfoques autoritarios. Dialogar con el adolescente es transmitirle que lo reconocemos como un interlocutor válido. Nos abstendremos de controlar el funcionamiento corporal del adolescente. Con un divorcio, sobre todo si no ha sido iniciativa nuestra, sentimos a veces que nuestra vida resbala y que se nos escapa. Entonces nos aferramos a lo que tenemos a nuestro alcance, y el padre que se siente perdido puede preocuparse desmesuradamente por el cuerpo de su hijo. Reproches excesivos sobre su manera de alimentarse o vestirse, o sobre su higiene son propios de un control excesivo. Si el adolescente expresa quejas somáticas de tipo hipocondriaco las podremos acoger sin dramatizar ni recusarlas. No trataremos a nuestro adolescente de enfermo imaginario, ni tampoco fomentaremos más quejas con nuestras propias inquietudes («¿Te ha dolido hoy?»), masajes intempestivos o análisis médicos por todas partes. No nos mostraremos conciliadores con el adolescente si se opone al otro padre, ni le autorizaremos a faltarle al respeto, a pesar, incluso, de que en el fondo estemos de acuerdo con él. Le repetiremos que no hace falta buscar a cualquier precio un responsable por la separación de sus padres. Procuraremos tener un discurso positivo sobre el amor y, a la vez, le aconsejaremos lecturas sobre el tema para que pueda explorar los diversos meandros que ofrece con ejemplos distintos al de sus padres.

Conclusión

La frecuencia de las separaciones parentales no constituye una razón para trivializar el impacto que tienen sobre los niños implicados. Es un evento de la vida que trastorna al niño a veces hasta los abismos de su personalidad y su identidad. Diversos estudios ponen de manifiesto que los hijos de padres separados presentan estadísticamente más dificultades afectivas y escolares y más trastornos del comportamiento que los demás niños. Pero es posible cambiar el pronóstico, prevenir los trastornos y hacer que el drama se viva con el menor daño posible o que se imponga la resiliencia. Separarse sin perjudicar al hijo también forma parte del arte de ser padres. ¡Existen separaciones que no son traumáticas! En estos casos, siempre se trata de padres que no renuncian a su misión de coparentalidad y que sitúan el amor por sus hijos por encima del amor propio. Se consiguen estas separaciones entre padres que aceptan informarse sobre la manera de acompañar a sus hijos y buscan ayuda durante la arriesgada travesía. Los padres separados deben seguir tendiendo entre ellos una red parental de apoyo y, si los conflictos han desmontado la red, hay que repararla y volver a armarla. La red se compone de atención, protección, educación, cuidados y amor, y, a imagen y semejanza de una hamaca montada entre dos casas, que protege al niño, lo mantiene en su continuidad física, psíquica, afectiva y social. Es una red que garantiza un confort de la existencia, que deja libertad de movimientos y de realización personal, y que sostiene al niño por encima de las incertidumbres relacionales de la pareja. No hace falta que los padres estén pegados el uno al otro para ser buenos padres. Cada uno en su sitio, en una punta de la red, sostiene a su hijo, y esto es posible gracias al sostenimiento del otro, desde la otra punta. Los padres separados son, en la coparentalidad, como dos pilares igual de imprescindibles para sostener al niño. Esto también implica encontrar una buena distancia para poder asegurar el máximo confort al niño en su «hamaca»: ni demasiado cerca, para evitar el riesgo de hacerle caer en la resurgencia de los conflictos (particularmente con el padrastro o la madrastra), ni demasiado lejos, para evitar que se rompa por estiramiento.

Preservando lo mejor nos alejamos de lo peor.

www.ingramcontent.com/pod-product-compliance
Lightning Source LLC
Chambersburg PA
CBHW071111160426
43196CB00013B/2541